GOLDMANN
RATGEBER

Buch

Das Interesse dieses Buches geht über die in der westlichen Gesellschaft tradierten Formen der Körpererfahrung im wettkampfgeprägten Sport hinaus und nimmt Bezug auf eine vorwiegend aus dem fernöstlichen Raum stammende sanfte Körpererfahrungskultur, die die eigene Bewegung als Meditationstechnik, als Heilgymnastik und als Körperbildung begreift.
Reich bebildert und mit ausführlich beschriebenen Sensitivübungen versehen, lädt das Buch nicht nur zum Lesen, sondern auch zum Tun ein. Über den Anspruch einer bloßen Anregung geht es weit hinaus, es weist den Weg zu einem völlig neuen Körperbewußtsein und Körpergefühl.
Das Buch richtet sich an alle Menschen, die sich mit dem eigenen Körper beschäftigen wollen, ohne sich in die Tretmühle moderner Fitneßprogramme einspannen zu lassen.

Autoren

Barbara Moegling hatte bis 1987 die organisatorische Leitung des »Kasseler Instituts für Gesundheit und Körpererfahrung e.V.« inne und ist Mitautorin verschiedener Beiträge des Buches »Sanfte Massagen«. Sie hat zehn Jahre lang als Krankenschwester im In- und Ausland gearbeitet.
Klaus Moegling ist Bewegungslehrer und promovierter Soziologe und arbeitete als Dozent in der Lehrerausbildung an der Gesamthochschule in Kassel. Seit Mitte der siebziger Jahre leitet er Körpererfahrungsgruppen und engagiert sich politisch in alternativen und herkömmlichen Organisationsformen. Er ist Mitbegründer des oben genannten »Kasseler Instituts«.

Im Goldmann Taschenbuch Verlag
sind von Klaus Moegling außerdem erschienen:

Die chinesische Bewegungsmeditation Tai Chi Chuan. Ein Lehrbuch für Anfänger und Fortgeschrittene. (10425)
Sanfte Massagen. (Hrsg.) Akupressur, Yin-Yang-Massage, Polarity, Eutonie, Esalen-Massage, Rolfing, Tantsu, Kum Nye, Lockerungs- und Entspannungsmassagen. (10412)

Barbara und Klaus Moegling

Sanfte Körpererfahrung

Für dich selbst und zwischen uns

GOLDMANN VERLAG

Fotos: Friedhelm Fett und Ralf Heinemann

Der Goldmann Verlag
ist ein Unternehmen der Verlagsgruppe Bertelsmann

Made in Germany · 11/89 · 1. Auflage
Genehmigte Taschenbuchausgabe

Umschlaggestaltung: Design Team München
Umschlagfoto: Ralf Heinemann, Kassel
Druck: Presse-Druck Augsburg
Satz: Fotosatz Glücker, Würzburg
Verlagsnummer: 13541
Lektorat: Johannes Jacob
Herstellung: Sebastian Strohmaier
ISBN 3-442-13541-9

Inhaltsverzeichnis

Vorwort

Dies ist nur ein Buch.

Es soll Anregungen geben und orientieren helfen.

Aber es ersetzt nicht die primäre Erfahrung dessen, was hier vorgeschlagen und angeregt werden soll.

Dennoch ist dieses Buch besonders für diejenigen geschrieben worden, die im Leben dahinjagen, ohne das Leben wirklich zu leben.

Für diejenigen, die nach einer Möglichkeit suchen, ihre Lebensgeschwindigkeit zu verlangsamen und ihr Leben zu intensivieren, die nicht mehr in der Vergangenheit, von der nicht gelebten Zukunft oder aus zweiter Hand leben wollen. Für diejenigen, die ernsthaft nach einem Ausweg aus Herzstichen, Zähnemalmen, Bauchschmerzen und Streß suchen. Dennoch ist dieses Buch nicht für diejenigen gedacht, die meinen, sie könnten hier einen Weg finden, sich aus den Ärgernissen der Gesellschaft über eine alles vergessende und verdrängende Innerlichkeit davonzuschleichen. Der Weg nach innen wird in diesem Buch auch der Weg nach außen sein. Auch die Meditation kann es dir nicht ersparen, deine äußeren Bedingungen zu verändern. Aber die Meditation kann dir die Energie und Gelassenheit geben, dies richtig zu tun.

Wenn hier nun »sanfte Körpererfahrungsmöglichkeiten« vorgestellt werden sollen, heißt dies somit gleichzeitig, daß alles andere abzulehnen sei? Nein, auch sportliche Handlungsmöglichkeiten, in spielerischer Konkurrenz und kreativer Gestaltung wahrgenommen, können für uns sehr reizvolle Körpererfahrungsmöglichkeiten bieten. Erst ein bestimmter gesellschaftlicher Rahmen und Bedeutungszusammenhang von Sport führt zu seiner Pervertierung. Doch über die Abgrenzung von sinnvollem und schädlichem Sport, von Freizeitsport und Hochleistungssport, ist bereits viel geschrieben worden. Die Einleitung dieses Buches versucht dies subjektiv nachzuvollziehen und stellt den Aspekt der Körpererfahrung hierbei in den Mittelpunkt der Ausführungen.

Das Interesse dieses Buches geht über die in der westlichen Gesellschaft traditionellen Formen der Körpererfahrung im Sport hinaus. Es handelt sich hier auch nicht um eine neue Welle. Body-Building, Aerobic, Jogging und Trimm-Dich sind nur Variationen eines altbekannten Themas, haben aber noch lange keine neue Qualität.

Im Rahmen dieses Buches wird Bezug auf eine andere Körpererfahrungskultur genommen, die die eigene Bewegung als Meditationstechnik, als Heilgymnastik und Körpertraining zur Wirkung bringt. Ergänzt werden diese – vorwiegend aus dem fernöstlichen Kulturraum inspirierten – Formen von einer Reihe Sensitivübungen, die zeigen, wie wir uns gegenseitig dabei helfen können, uns ganzheitlich zu entfalten.

Das Anstreben sanfter Körpererfahrungen soll nicht ausschließen und verdrängen, was in uns Unsanftes bewirkt. Auch dessen Wirkungen müssen raus: **Wir müssen auch mal schreien und toben können.** Oftmals ist es auch erforderlich, daß wir uns **energisch zur Wehr setzen** müssen. Dennoch versuchen wir immer wieder aus gutem Grund den Zustand innerer und nach außen gerichteter Sanftheit zu erreichen. Die Gewalt und Aggressivität schrecken uns ab, die Sanftheit eines Menschen zieht uns an. Nur in der Sanftheit liegt die Sensibilität, die alles Zarte braucht, um wachsen und gedeihen zu können ...

Noch eine letzte Vorbemerkung: Auch das Schreiben dieses Buches hatte eine meditative Qualität. Wir haben uns erfolgreich dem Versuch widersetzt, uns hierbei zu stressen und das Buch in der optimal kürzesten Zeit zu schreiben. Die Bewegungsfolgen sind aus den dieses Buch begleitenden meditativen Übungen heraus beschrieben worden. Alles, was in diesem Buch geschildert wird, ist »am eigenen Leibe« und in den Körpererfahrungsgruppen der letzten beiden Jahre mit viel Ruhe und Liebe »erprobt« worden. Doch dies war nicht der Zweck unserer Körpererfahrungen – der Zweck lag im Tun der letzten Jahre.

Kassel im Januar 1984 Barbara und Klaus Moegling

Vorwort zur Neuauflage

Das Buch »Sanfte Körpererfahrung« ist wohl eins unserer atmosphärischsten Bücher. Wir schlagen es auch heute noch gern auf und holen uns hieraus Anregungen für die Gestaltung unserer Arbeit in den Körpererfahrungs- und Meditationsgruppen. Es freut uns, daß es über die Veröffentlichung im neuen, größeren Verlag einer breiten Öffentlichkeit zugänglich gemacht werden kann.
Immenhausen, im Mai 1989 Barbara und Klaus Moegling

PS: Wer uns einmal etwas über dieses Buch schreiben möchte (positive und negative Kritik, weitere Anregungen und Ideen), ist hierzu herzlich eingeladen. Wir werden alle Briefe beantworten. (Berliner Str. 6, D-3524 Immenhausen)

Versportetes Raubtier oder verzärtelter Mensch?

Einleitende Bemerkungen über harte und sanfte Körpererfahrungen in der Gesellschaft

Technik gehört selbstverständlich zu allem Sport. Die Beobachtung des durchgebildeten Läufers, dessen Kräfte spielen, oder die Betrachtung eines vollendeten Werfers oder Springers, der seine sportliche Übung beherrscht, ist immer ein Genuß.

Aber es gibt hier eine Grenze, die von den Rekordleuten fast immer überschritten wird. Dann schlägt der Sport in sein turnerisches Gegenstück um, dann beherrscht das Gerät den Sportler, statt der Sportler das Gerät.

Helmut Wagner

Harte Körpererfahrung

Sporthalle in Obereschbach 1974.
Es geht um den Aufstieg von der zweitklassigen Regionalliga in die Handballbundesliga.

Die Halle ist gerappelt voll von Zuschauern.

Wenige Sekunden vor dem Halbzeitpfiff versuche ich eine Täuschungsbewegung am rechten Außenverteidiger der gegnerischen Mannschaft vorbei. Jetzt muß die Aktion gelingen, oder die Halbzeit ist zu Ende. Ich springe vor dem Gegenspieler in die Täuschungsbewegung, mache eine Finte nach links und will rechts vorbeiziehen. Da trifft mich seine Faust in den Magen. Gleichzeitig ertönt der Halbzeitpfiff. Mir bleibt die Luft weg. Ich bin nicht mehr in der Lage zu atmen und krabbele auf allen Vieren, nach Luft ringend und unwillkürliche, kurze, hechelnde Schreie ausstoßend, durch die Halle. Doch die Halbzeit ist beendet. Mein Zustand scheint irgendwie niemanden zu interessieren, und keiner kümmert sich mehr um mich. Mein Gegenspieler hat sich schnell vom Ort des Geschehens wegbegeben. Meine Mitspieler verlassen das Spielfeld und gehen in die Kabine. Die Zuschauer stehen auf, um eine Zigarette zu rauchen. Alles ist im Aufbruch begriffen.

Ich krieche noch immer in Krämpfen keuchend über den Hallenboden und fühle mich hundeelend. Langsam erhole ich mich von dem Schlag und frage mich: Wie lange machst du dieses Theater noch mit?

Was ist hier passiert?

Da sind Zuschauer, die etwas von den Spielern erwarten.

Sie zeigen es ihnen unmittelbar, indem sie pfeifen, johlen, klatschen oder schimpfen. Da sind des weiteren Trainer und Funktionäre, die sich zuständig für die Leistung der Spieler fühlen.

Sie alle wollen, daß die Spieler sich auf dem Spielfeld einen körperbetonten Kampf liefern, sich bis zum Umfallen einsetzen. Die Spieler selbst haben sich schon lange zuvor darauf eingelassen. Sie kennen diese Erwartungen und sind bereit, in der Wettkampfsituation zu schlagen, zu treten, zu kneifen und zu stoßen.

Um dies ausführen zu können, müssen sie entsprechend motiviert sein. Sie müssen innerlich genügend erregt und gespannt sein, aggressiv und bissig. Nicht allen Spielern gelingt es, sich in einen entsprechenden »Vorstartzustand« zu manövrieren. Derartige Spieler wirken in der Atmosphäre des Kampfes schlapp und weich – ihnen fehlt der richtige Biß. Daher versuchen die Trainer und Funktionäre, die Spieler vor dem Wettkampf entsprechend zu motivieren. So wird jeder Leistungshandballer folgende Traineräußerungen sehr wohl kennen: »Den mußt du hart nehmen.« »Der braucht Schläge.« »Der Torwart hat Angst. Bei dem mußt du von außen immer genau auf den Kopf zielen.« »Das ist ein Schönspieler. Wenn du den gleich hart angehst, kommt von ihm nichts mehr.« »Wenn der Gegenspieler reinzieht, mußt du ihn knallhart bekämpfen. Mann gegen Mann.« Und so fort...

Der brutale Angriff auf den Körper des Gegenspielers – so wie ich ihn anfangs dargestellt habe – ist eine logische Folge derartiger Aufhetzungsversuche. Ich beherrschte zur Zeit des geschilderten Fallbeispiels eine Folge verschiedener Täuschungsbewegungen (»Wacklervarianten«), so daß ich mit fairen Mitteln nur schwer zu bremsen war. Ich war in diesem Spiel bereits zweimal erfolgreich gewesen und hatte den Gegenspieler umspielen können. Nun beorderte der gegnerische Trainer einen neuen Außenverteidiger zur Bewachung meines Angriffsraums herbei. Dessen Aufgabe war klar, und er erledigte sie – wie oben dargestellt – mit konsequenter Gründlichkeit: Er »schaltete mich aus«, und »zog mir den Zahn« auch für den Rest des Spieles.

Doch es dauerte noch zwei Jahre, bis ich mich vom Hochleistungssport lösen konnte. Warum macht ein Mensch dieses Theater mit?

Ist so etwas denn gesund?

Ich bleibe am eigenen Leibe:

Durch das umfangreiche und intensive Training über Jahre bekam ich das sogenannte Sportlerherz, eine unnatürliche Vergrößerung des Herzmuskels. Es gab nicht eher Ruhe, bevor es nicht gefüttert wurde. Es verlangte auch nach der Beendigung des hochleistungssportlichen Engagements immer noch nach übermäßig viel Stimulanz, so daß ich sehr lange brauchte, um abzutrainieren. Mein linker Außenmeniskus mußte nach einem Zusammenprall entfernt werden. Hierbei wurde festgestellt, daß er sowieso schon hauchdünn war, was auf den Zustand meiner anderen Stoßdämpfer im Knie Rückschlüsse zuläßt.

Meine Menisken seien einfach abgenutzt, in ihrer Substanz weitgehend aufgebraucht, hieß es. Im Alter werde ich es schon merken – so die Ärzte.

Ich fiel bei meinen Spezialwürfen von außen ständig auf mein Hüftgelenk. Die Presse schrieb von »artistisch anmutenden Kunststücken auf der Außenposition«. Ich habe immer noch eine walnußgroße Verdickung am Hüftgelenk, und manchmal klinkt da etwas schmerzhaft aus. Des weiteren hatte ich zwei Handbrüche, Verstauchungen aller Finger, Unmengen von Blutergüssen an der Hüfte, im Oberschenkel und am Fuß. Dreimal mußte ich nach derartigen Verstauchungen des Fußgelenks über mehrere Wochen auf Krücken gehen.

Wer weiß, ob meine damaligen Rückenbeschwerden – vom Arzt als »Bandscheibenvorfälle« beschrieben – nicht auch Ausdruck der hochleistungssportlichen Abnutzung waren. Viermal in der

Woche ein hartes Training auf unnatürlichem Sporthallenboden – hält das ein Körper aus?

Nach dem Wettkampfspielen waren wir erschöpft und geschlaucht. Eine Erschöpfung, die oft genug mit einem entsprechenden Bierkonsum überwunden wurde, sich aber am nächsten Tag um so mehr bemerkbar machte. – Doch körperliche Schäden sind nur die eine Seite des Gesundheitsaspekts. Ist dies nicht Ausdruck eines psychischen Defekts, wenn wir gängige Moralvorstellungen im sportlichen Wettkampf ausschalten – moralische Normen, die dem Schutz von Körper und Leben dienen? Wie verrückt waren wir, als wir uns auf unseren Gegenspieler hetzen ließen? Was hat der ständige Leistungsdruck in uns bewirkt? Wie abhängig waren wir schon vom Gejohle der Zuschauer und vom lobenden Wort unseres Trainers?

Nein, gesund war dies alles nicht. Es war eher ein Leidensweg für unsere Körper und eine einseitige Ausrichtung unseres Denkens und Fühlens. Doch was verführte uns dazu, dies alles auf uns zu nehmen?

Der Handballsport, im hochleistungssportlichen Rahmen betrieben, beinhaltet das alles, was in vielen Bereichen unseres gesellschaftlichen Lebens einen hohen Stellenwert besitzt: Leistung um jeden Preis, Kampf um den Erfolg und Belohnung des Erfolgreichen. Angesichts einer um sich greifenden kulturellen Verunsicherung bietet ein derartiges leistungssportliches Engagement noch eine klare Linie in Übereinstimmung mit zentralen Werten unserer Gesellschaft. Im Hochleistungssport wird Raum gegeben für Identitätsentfaltung und -sicherung in einem gesellschaftlich anerkannten (und somit normativ eingeschränkten) Sinne.

So kann geantwortet werden: Selbstbestätigung, Identitätsdarstellung, soziales Prestige und: Geld hat der Sport gebracht – aber keine Gesundheit des ganzen Menschen. Vielleicht eine überdurchschittliche Leistungsfähigkeit unseres Körpers – einseitig ausgeprägt und mit vielen Nebenfolgen. Aber nicht das, was hier unter Gesundheit im Sinne eines umfassenden, ganzheitlichen Wohlbefindens verstanden werden soll.

Allerdings ist zu fragen, ob Sport nicht auch anders erlebt werden kann. Sind denn Wettkampfsport und harte Körpererfahrungen zwangsläufig miteinander verbunden?

Ich habe nach meiner hochleistungssportlichen Lebensphase auch unter anderen Bedingungen Handball gespielt. Hier sind mir besonders zwei Phasen in positiver Erinnerung.

Wir waren eine Mannschaft aus vorwiegend ehemaligen Leistungssportlern, die keine Lust mehr am verbissenen Konkurrenz-Handball hatten. Wir spielten zwei Saisons in der Reserverunde mit und verzichteten auf einen harten Körpereinsatz während des Spiels. Wir versuchten, über schnelle Ballwechsel und ideenreiches Spiel im Angriff und mit fairen Mitteln in der Abwehr zum Erfolg zu kommen. Da gab es Spiele, bei denen ich nicht ein einziges Mal foulte und gefoult wurde. Die gegnerischen Mannschaften in dieser Reserverunde stellten sich nach wenigen Minuten auf unser Spiel ein, so daß in diesen Spielen der Schiedsrichter oftmals überflüssig war. Es gab ja in der Reserverunde auch keinen Kampf gegen den Abstieg oder für den Aufstieg. Zuschauer waren auch keine da. Funktionäre ließen sich ebenfalls nur selten sehen. Trainiert haben wir uns selber, ein Trainer war nicht nötig. Wir spielten für uns selbst und das genügte …

Ein zweites Mal erlebte ich etwas Ähnliches im Rahmen des Allgemeinen Hochschulsports. Wir spielten dort jeden Mittwochabend zwei Stunden lang einen sauberen, technischen Handball. Wir gingen hierbei sehr behutsam miteinander um. Der Arm wurde einem nicht zurückgerissen, wenn man frei am Kreis werfen wollte. Es wurde nicht geschlagen und getreten. Niemand wollte uns aggressiv machen. Wir spielten in einer partnerschaftlichen Atmosphäre …

Beide erlebten Beispiele zeigen, daß ein sportliches Mannschaftsspiel nicht zwangsläufig mit harter Körpererfahrung verbunden sein muß. Erst der Beziehungsrahmen und der Bedeutungsgehalt des Hochleistungssports führten zu Situationen des bedingungslosen Kampfes über die Grenzen des Erlaubten hinweg. Ein sportliches Engagement, das durch eine aufgelockerte Konkurrenz und die Achtung des anderen gekennzeichnet ist, kann erfüllend und belebend wirken. Jedoch im Hochleistungssport wird der Sportler zur vermarktbaren Ware, die in einem langwierigen und einseitigen Produktionsprozeß herangezüchtet wird. Er nimmt in der Regel Geld entsprechend seines Marktwerts (seiner eingeschätzten Leistungsfähigkeit) an und entäußert sich, liefert sich damit aus. Diejenigen, die ihn bezahlen, setzen ihn ein und stoßen ihn ab, wenn er für sie keinen Gebrauchswert mehr hat, d. h. die geforderte Leistung nicht mehr bringt. Die Entscheidung über das sportliche Engagement liegt nicht mehr beim Sporttreibenden, sondern jemand anderes besitzt die Verfügungsgewalt über den arbeitenden Sportler. Dies ist Entfremdung im klassischen Sinne.

Das Handballspiel in der Reserverunde und im Studentensport war ein Stück Selbstverwirklichung. Doch hierzu waren veränderte Rahmenbedingungen und ein verändertes Bewußtsein notwendig. Nicht jeder fand sich in unseren Reihen zurecht, so mancher spielte wieder harten Handball weiter unter den Bedingungen einer höheren Liga.

Doch wurde deutlich, im Sport ist beides angelegt: Entfremdung und Selbstverwirklichung. Harte und weniger harte Körpererfahrung. Aber auch das, was hier unter sanfter Körpererfahrung verstanden werden soll?

Eine andere Körpererfahrung für den Sport

Ich möchte dies wieder an erlebter Körpererfahrung verdeutlichen:

Wir bewegen uns in einer tiefen Gehweise zeitlupenhaft durch die Halle. Wir treten ganz vorsichtig auf, als ob wir über eine zerbrechliche Eisdecke gehen. Eine einfühlsame Musik der Gruppe »Sky« untermalt unsere langsamen, fließenden Bewegungen. Ich habe das Gefühl, aus dem Bauch heraus zu gehen. Der Kopf hat Denkpause. Ich gehe in meiner Bewegung auf und genieße den Zustand. Bei der mit jeder Gehbewegung verbundenen Anhebung des Oberschenkels hebe ich parallel hierzu den auf dieser Seite befindlichen Arm hoch. Es ist, als wenn das Knie an einem Bindfaden befestigt wäre und wie eine Marionette langsam und schwebend von der sich darüber befindlichen Hand hoch und runter gezogen würde.

In dieser Weise bewege ich mich langsam durch den Raum auf den Schwebebalken zu. Ohne den Rhythmus zu verändern, steige ich über die Kastentreppe auf den Schwebebalken hinauf, balanciere sicher über ihn in meiner Gangart hinweg und steige wieder ab. Ich gehe durch den Raum, fühle mich unendlich wohl und eins mit den anderen sich ähnlich bewegenden Menschen, mit der Musik und mit meinem Körper.

Was ist hier erlebt worden?

Jürgen Funke verschafft uns auf einer Tagung der »Kommission für Sportpädagogik in der Deutschen Gesellschaft für Erziehungswissenschaft« ein Erlebnis sanften Turnens am und um den Schwebebalken herum. Wir improvisieren Gehbewegungen, bilden gemeinsam Figuren und erproben Sprünge, die wir selbstbestimmt aus einem langsamen, zeitlupenhaften Bewegungsfluß heraus entstehen lassen und auf den Schwebebalken übertragen.

Hier war ein Arrangement ermöglicht worden, das eine ganz

andere Körpererfahrung beinhaltete im Umgang mit einem Gerät, das so oft auch für schmerzhafte Körpererfahrung gut genug war.

Diese Tagung stand unter dem Thema »Körpererfahrung im Sport«. Wir erlebten und diskutierten in einem interessierten Kreis mehrere Tage Körpererfahrungen im Rahmen von Pantomime, Sensitivübungen, Tai Chi, Geräteturnen, aber auch Sportspielen wie Volleyball, Handball und Basketball. Wie konnte es hierzu kommen? Der traditionelle Sportbegriff scheint derzeit eine Erweiterung über den Begriff der Körpererfahrung zu erleben. Diese Tagung, an der sowohl Spitzen der bundesdeutschen Sportwissenschaft, als auch »Körpererfahrungsexperten« teilnahmen, ist Ausdruck einer produktiven Unruhe im derzeitigen sportwissenschaftlichen Selbstverständnis.

Körpererfahrung im Sport wendet sich gegen den naturwissenschaftlich verdateten, trainingswissenschaftlich aufbereiteten und leistungssportlich genutzten Körper. Der Körper erscheint hierbei nicht mehr als etwas objektiv Definierbares (und somit nicht mehr zwangsläufig in seiner normativen Eingeschränktheit), sondern als etwas subjektiv Erlebtes und Erfahrbares. Körpererfahrung meint dann mehr als Üben, Trainieren und Wettkämpfen, sondern beinhaltet die Sensibilisierung für sich selbst und für den anderen – orientiert an den Prinzipien ganzheitlicher Gesundheit und dem Wunsch nach lustvollem Erleben. Mein Körper wird mir dementsprechend nicht mehr über Laufzeiten, Hochsprungergebnisse oder Wurfweiten nahegebracht, sondern ich erfahre ihn unmittelbar als gelebten Leib: Ich spüre ihn und dadurch mich. Körpererfahrung wird zur Selbsterfahrung und sagt sich von leistungssportlicher Fremdsteuerung los.

Doch handelt es sich hierbei noch um Sport?

Kann der Begriff des Sports die langsame fließende Bewegung um ihrer selbst willen und die zärtliche Berührung des anderen noch fassen? – Sensitivspiele sind sicherlich nicht unter dem Begriff des Sports zu fassen, sind aber: Körpererfahrung. So könnten sie im Umfeld eines Sports erlebt werden, der eine ähnliche Grundstimmung in sich birgt. Unser Erlebnis während der Schwebebalken-Turnstunde kam der Erlebnisqualität des Tai Chi sehr nahe. Doch dies war ein recht extremes Beispiel, in der die Verknüpfung unterschiedlicher Bewegungskulturen möglich wurde. Das Tai Chi beispielsweise hat zwar eine ähnliche Wirkungsweise wie ein am Gesundheitsprinzip orientierter Freizeitsport; entsprechende heilgymnastische und den Körper trainierende Wirkungen sind in beiden Körpererfahrungsgelegenheiten angelegt und nachgewiesen. Dennoch richtet sich das Tai Chi nach anderen Handlungsmustern, als dies in der dominanten Interpretation des sportlichen Prinzips angelegt ist. Berührungspunkte hingegen ergeben sich besonders in den sportlichen Handlungsformen, die auf lustvolles und bewußtes Erleben abzielen. Hier vermengen sich die Prinzipien: Jemand läuft und ist mitten im Tai Chi, jemand turnt am Schwebebalken und erlebt dies als Bewegungsmeditation, einer tanzt und ist in seiner Mitte ... Auch wenn das Tai Chi im herkömmlichen Sinne nun keine neue Sportart ist, sollte sich der für die Eröffnung bewußter Körpererfahrungsmöglichkeiten berufen und zuständig fühlende Sportwissenschaftler bzw. Sportlehrer für derartiges aufgeschlossen zeigen, wie es im Tai Chi, im Aikido, Judo, Yoga etc. von einer anderen Kultur angelegt wurde. Die Erweiterung unseres traditionellen Sports um fremdkulturelle Elemente macht uns erst zu Körpererfahrungsexperten mit weitreichenden Fähigkeiten. Es könnte ein Spektrum von Körpererfahrungsgelegenheiten erlebt und aufbereitet werden, aus dem sich der Interessierte gemäß seinen Persönlichkeitseigenschaften und auch dem Bedürfnis nach der Veränderung seiner Persönlichkeit entsprechend, eine eigene Synthese bilden könnte.

Allerdings verlangt dies nach einer höheren Toleranzbreite und einer erheblichen normativen Distanzierungsfähigkeit aller Beteiligten. Der herkömmliche Sport – und auch die hierauf ausgerichtete traditionelle Richtung in der Sportwissenschaft – sind nicht zufällig so geartet. Der grölende Zuschauer, der sich im Fußballspiel abreagierende Schüler, der sich vermarktende Sportler (und auch Sportwissenschaftler) sind alles Teile eines Ganzen. Sie verweisen auf die gesellschaftliche Eingebundenheit des Sports – eine Eingebundenheit, der sich der Sport nicht so ohne weiteres zu entziehen vermag.

Sanfte Körpererfahrung

Das, was uns – eingangs geschildert – an Härte im Hochleistungssport begegnete, wurde im Nationalsozialismus einer systematischen und perfektionierten Nutzung zugänglich gemacht. Besonders die autoritären Gesellschaften haben ein Interesse an der Verrohung und Abstumpfung des menschlichen Denkens und Fühlens und der Verhärtung des Körpers über den Kampfsport entwickelt. Hitlers Aussagen zum Sport streben den aggressiven, raubtierhaften, körperlich rohen und gestählten Menschen an. Die deutsche Jugend sollte gewalttätig, herrisch, unerschrocken und grausam sein, voller Dominanz und Brutalität. Das Gegenteil ist ein den inneren und äußeren Frieden liebender, zu Zärtlichkeit fähiger, sanfter Mensch. Der kruppstahlförmigen Verpanzerung des Körpers entspräche – so gedacht – in seinem Gegenteil ein entspannter und lockerer Körper und eine Persönlichkeit, die zu sanften Körpererfahrungen in der Lage ist.

Hitler über das Boxen:
»Es gibt keinen Sport, der wie dieser den Angriffsgeist im gleichen Maße fördert, blitzschnelle Entschlußkraft verlangt, den Körper zu stählener Geschmeidigkeit erzieht . . . Doch hat der völkische Staat eben nicht die Aufgabe, eine Kolonie friedsamer Ästheten und körperlicher Degeneraten aufzuzüchten. Nicht im ehrbaren Spießbürger oder der

tugendsamen alten Jungfer sieht er sein Menschheitsideal, sondern in der trotzigen Verkörperung männlicher Kraft und in Weibern, die wieder Männer zur Welt zu bringen vermögen.«

Aus einem Gespräch mit Hitler:
»Meine Pädagogik ist hart. Das Schwache muß weggehämmert werden. In meinen Ordensburgen wird eine Jugend heranwachsen, vor der sich die Welt erschrecken wird. Eine gewalttätige, herrische, unerschrockene, grausame Jugend will ich. Jugend muß das alles sein. Schmerzen muß sie ertragen. Es darf nichts Schwaches und Zärtliches an ihr sein. Das freie, herrliche Raubtier muß erst wieder aus ihren Augen blitzen.«

Was soll nun hier unter sanfter Körpererfahrung konkret verstanden und vorgeschlagen werden?

Sanftheit – und dies wurde über die Kontrastierung zum nationalsozialistischen Sport und zum Hochleistungssport sehr deutlich – meint zunächst einmal Verzicht auf körperliche Gewalttätigkeit und verbindet sich mit einer Grundeinstellung des Menschen, die sich zur Gewaltlosigkeit hingezogen fühlt. Gewalttätige Bewegungen sind in der Regel schnelle und ruckhafte Bewegungen mit einem relativ hohen Krafteinsatz. Sanfte Körpererfahrungen ziehen den langsamen Bewegungsfluß und nur ein Minimum an muskulärer Grundspannung vor.

Das Schwebebalken-Beispiel deutete bereits sanfte Körpererfahrungsmöglichkeiten an. Auch im Tanz, in der Pantomime, im Laufen und in der Bewegungsimprovisation können derartige Erfahrungsgelegenheiten angelegt sein. Die meisten Bewegungsmeditationen bestehen aus langsamen und fließenden Bewegungen und wirken hierbei entspannend nach innen und entspannt nach außen.

Im Rahmen dieses Buches soll eine besondere Mischung aus Tai-Chi-Elementen und ausgesuchten Sensitivübungen vorgestellt werden, die sanft nach innen und außen wirken. Nicht jeder wird wissen, worum es sich bei dem aus China stammenden Tai Chi handelt, oder was der Begriff der Sensitivübung beinhaltet. Daher hierzu einige zusammenfassende Ausführungen, die später durch die dargestellten Bewegungsfolgen und Übungen verdeutlicht werden sollen.

Das Tai Chi stammt aus einer chinesischen Selbstverteidigungskunst, die wohl Mönche zum Schutz gegen einfallende Räuberbanden entwickelt haben. Doch über die Entstehung des Tai Chi gibt es so viele Versionen, wie es Stilrichtungen dieser Bewegungskunst gibt. Hier soll auch der noch immer praktizierte Aspekt der Selbstverteidigung nicht so sehr interessieren, sondern für uns ist wichtig, daß auch die Verteidigungskunst des Tai Chi immer schon einen meditativen Hintergrund hatte. Die Abwehrreaktion wurde aus einem Zustand hoher innerer und äußerer Aufmerksamkeit heraus vorgenommen. Überreste des kämpferischen Aspekts des Tai Chi finden sich in den sich zu Formen verfestigenden Bewegungsfolgen wieder. Diese sich von dem eigentlichen Verteidigungszweck abhebenden Bewegungsfolgen (die »Form«) werden nun zu einem zentralen Übungsteil des Tai Chi. Die »Form« ist eine Art meditativer Tanz mit festgelegten Bewegungsfolgen, die in einer tiefen Stellung bzw. Fortbewegung und mit langsamen und fließenden Bewegungen durchgeführt werden. Alle Bewegungen erhalten ihren Impuls aus dem Bauchraum, der als energetisches Zentrum anerkannt wird, und dem eine besondere Aufmerksamkeit gilt. In der Bewegung des Tai Chi findet ein ständiger, subtiler Wechsel der Bewegungsweise im Rahmen der Bewegungsprinzipien und hiermit verknüpft ein ständiger energetischer Wechsel statt. Hierdurch paßt sich der Mikrokosmos Mensch den natürlichen Gesetzen des Makrokosmos an. Aber davon später noch mehr ...

Die langsamen, fließenden Bewegungen des Tai Chi wirken sich beruhigend und entspannend aus und trainieren auf eine sanfte Art und Weise den Körper. Die besondere Körperhaltung und die

Bewegungsfolgen des Tai Chi haben einen nachgewiesenen heilgymnastischen Effekt. Wir üben das Tai Chi in erster Linie aus, um zu meditieren. Wir freuen uns darüber, daß dies in einer sehr gesunden Weise passieren kann. Wir erleben eine Meditation in Bewegung, die unserem Körper guttut. Diese Betrachtungsweise des Tai Chi soll auch in diesem Buch im Vordergrund stehen. Dennoch sind die hier vorzustellenden Bewegungsfolgen nicht identisch mit einer der »Formen« des Tai Chi. Die Veranschaulichung einer »Form« würde allein ein ganzes Buch füllen und ist auch bereits mehrfach – mehr oder weniger gut – geleistet worden. Ich möchte verschiedene, zum Teil nur in der mündlich überlieferten und selbst erlebten Tradition bekannte, kleinere und doch abgeschlossene Bewegungsfolgen vorstellen, die alle die wichtigen Prinzipien des Tai Chi beinhalten: Die »Harmonie«, die »Eight Brocades« und die »Fünf Räder«. Diese Bewegungsfolgen bieten den Vorteil, die Bewegungen des Tai Chi erleben zu können, ohne die viel komplizierteren Techniken einer »Form« über Jahre erlernen zu müssen. Oftmals behindert ein derartiges Technik-Training das eigentliche meditative Erleben. Bevor wir unseren Schülern eine längere »Form« beibringen (mit 24 oder gar mit 108 Bewegungssequenzen), vermitteln wir ihnen mehrere kleinere Bewegungsfolgen. Nicht in dem Beherrschen einer komplizierten Technik liegt in erster Linie das Wesen des Tai Chi. Tai Chi kann in jeder kleinen Handbewegung sein, die mit hoher innerer und äußerer Aufmerksamkeit durchgeführt wird. Die Technik kann nur ein Mittel auf dem Wege zum meditativen Erleben sein. Doch auch hierzu kommen wir noch später …

Bewegungsfolgen aus dem Umfeld des Tai Chi sollen hier mit ausgesuchten Sensitivübungen zu einer eigenwilligen Synthese verbunden werden. Das Tai Chi verweist uns vorwiegend auf uns selbst, obwohl wir nach außen hin offen und aufmerksam sind. Sensitivübungen leben über den Kontakt mit den anderen und ermöglichen sanfte Körpererfahrungen zwischen uns. Die Verbindung von Tai-Chi- und Sensitivübungen bedeutet die Sensibilisierung für uns selbst und den anderen.

Die Auflösung körperlicher und geistiger Verspannungen über eine sanfte Bewegungsmeditation läßt die inneren Energien frei werden und im Körper fließen. Innere Entspanntheit und das Gewahrwerden des freien Energieflusses sind eine günstige Voraussetzung für Situationen, aus denen Einfühlsamkeit und Zärtlichkeit erwachsen können. Meditation und Zärtlichkeit sind zwei gute Freunde ...

Sanftheit auch unter unsanften gesellschaftlichen Verhältnissen?

Sanftheit – so wurde vorhin gesagt – bedeutet nicht »nur« körperliche Sanftheit, sondern auch das Streben der Gefühle und Gedanken hiernach. Dies ist untrennbar miteinander verbunden.

Doch läuft die Forderung nach sanftem inneren und äußeren Verhalten und Wirken angesichts noch immer herrschaftsbesetzter gesellschaftlicher Verhältnisse nicht Gefahr, die innere und äußere Ruhigstellung des Menschen zu betreiben? Entspräche es nicht eher dem Interesse des betroffenen Menschen, sich machtvoll zur Wehr zu setzen? Oder anders ausgedrückt: Wußten nicht schon immer die Herrscher meditative Techniken zur Ruhigstellung ihres Volkes einzusetzen – vom Gebet bis zu Za Zen? Wäre nicht ein aggressiv stimulierender Kriegstanz angebrachter?

Sicherlich muß festgestellt werden, daß unter den Bedingungen herrschaftsbesetzter Verhältnisse die Sanftheit nur ein utopisches Beziehungsmodell aus der Sicht des Beherrschten sein kann. Dies hielt dennoch Marx nicht davon ab, die Utopie einer herrschaftsfreien Gesellschaft zu entwerfen. Dies verhinderte auch später bei Habermas nicht die Anmeldung diskursiver Ansprüche an kommunikative Situationen. Dennoch übersahen weder Marx noch

Habermas die Kategorie Herrschaft, sondern machten sie zum zentralen Ausgangspunkt ihrer Analysen.

»Diese Arbeit auf dem Gebiet körperlicher Erziehung muß sich doppelt auswirken: rein körperlich in der Hebung des Gesundheitszustands der Arbeiter überhaupt und geistig durch die Stärkung ihres Willens und Selbstbewußtseins. Menschen, die zur Achtung vor ihrem Körper erzogen wurden und die gelernt haben, ihre Kräfte zu stählen und ihren Willen anzuspannen und ihre Gesundheit zu schätzen, die müssen schließlich aus reinem Körpergefühl heraus die unsinnigen Zustände der bestehenden Gesellschaftsordnung spüren.« Helmut Wagner, Arbeitersportler und Verfasser des Buches »Sport und Arbeitersport«.

Die Utopie des Sanften kann uns zeigen, wie Leben in herrschaftsfreien Situationen sein könnte. Sanfte Erfahrungen mit uns selbst und mit anderen vermitteln uns einen erfahrbaren Eindruck von dem, für das es sich auch unsanft einzusetzen lohnt. Dies schließt nicht aus, daß unter herrschaftsbesetzten Verhältnissen auch mancherorts ein elastisches Nachgeben und nachfolgendes entschiedenes Vordringen effektiver sein kann, als die rohe und aggressive Widerstandsreaktion zum falschen Zeitpunkt. Auch hier kann das Tai Chi, unter seinem Selbstverteidigungsaspekt gesehen, ein hervorragender Lehrmeister sein: Dem gegnerischen Angriff wird keine rohe Gewalt entgegengesetzt, sondern der Verteidiger gibt zunächst einmal nach und arbeitet mit der Körperkraft des Angreifenden. Je fester dieser zuschlägt, desto weiter wird der Angreifer vorwärtsgeschleudert...

Büchertip

Sehr interessant ist das Buch von der Möwe Jonathan. Viele Leistungssportler haben etwas mit dieser Möwe gemeinsam: Erst über körperliche Grenzerfahrungen sich selbst erleben können!

Bach, Richard/Russel Munson: Die Möwe Jonathan. Frankfurt/M.

Folgende grundlegende Arbeiten zum Thema Körper und Körpererfahrung waren für den hier vertretenen Ansatz von großem Wert. Sie stellen eine verkraftbare Auswahl aus der Unmenge der Literatur zu diesem Thema dar:

Dychtwald, Ken: Körperbewußtsein. Essen 1981.

Feldenkrais, Moshe: Bewußtheit durch Bewegung. Frankfurt/M. 1978.

Keil, Annelie: Rekonstruktion von Gesundheit aus Leidensbildern. In: *Scholz, Rudi/Peter Schubert* (Hrsg.): Körpererfahrung. Hamburg 1982, 179-196.

Keil, Annelie: Gezeiten – Leben zwischen Krankheit und Gesundheit. Kassel 1988.

Lowen, Alexander: Der Verrat am Körper. Hamburg 1983.

Teegen, Frauke: Ganzheitliche Gesundheit. Hamburg 1983.

Zur Lippe, Rudolf: Wiederbegegnung der Industriegesellschaften mit dem Körper. In: *Kükelhaus, Hugo/Rudolf zur Lippe:* Entfaltung der Sinne. Frankfurt/M. 1982, 25-37.

Zur Lippe, Rudolf: Am eigenen Leibe. In: *Kamper, Dietmar/Christoph Wulf:* Die Wiederkehr des Körpers. Frankfurt/M. 1982, 25-39.

Folgende Literaturauswahl befaßt sich mit der Kritik an den Erscheinungen versporteter Körpererfahrungen:

Bernett, Hajo: Der Sport im Kreuzfeuer der Kritik. Schorndorf 1982. Hier werden kritische Sichtweisen des Sports im Zuge seiner historischen Ausprägung und Entstehung anhand von Originaltexten vorgestellt.

Prescher, Hans-Günther: Sport – Segen oder Fluch unserer Epoche? Frankfurt/M. 1961. Dieses Buch eilte dem damaligen sportwissenschaftlich publizierten Wissensstand voraus. Prescher griff die frühe soziologische Kritik an Erscheinungen des Sports wieder auf und bezog sie auf die moderne Ausprägung des Sports.

Rigauer, Bero: Sport und Arbeit. Frankfurt/M. 1969.
Dies ist – stellvertretend für ähnliche Ansätze – die klassische Arbeit, die den Versuch unternimmt, den Sport aus den Strukturen gesellschaftlicher

Arbeit heraus zu erklären. Hier wird – ähnlich wie bereits ansatzweise bei Wagner und Prescher – über eine soziologische Analyse deutlich, wie der Sport in die Gesellschaft eingebettet ist und wie sich die Gesellschaft des Sports bedient.

Wagner, Helmut: Sport und Arbeitersport. Köln 1973. Der Arbeitersportler Wagner schrieb dieses Buch kurz vor der nationalsozialistischen Machtergreifung. Er wendet sich gegen das Rekorddenken und die Spezialisierung im Sport. Er kritisiert den Herrschaftscharakter des bürgerlichen Sports und setzt das Konzept eines revolutionären Sports dagegen.

Die nachfolgenden Bücher nehmen die Kritik am Sport auf und unterbreiten Vorschläge für einen erneuerten Sport. Auch hier handelt es sich nur um eine Auswahl:

Funke, Jürgen: Körpererfahrung. In: Sportpädagogik, 4. Jg. (1980), H. 4, 13-20 und

Funke, Jürgen (Hrsg.): Sportunterricht als Körpererfahrung. Hamburg 1983. Besonders Funke kommt das Verdienst zu, den Sport unter dem Gesichtspunkt seiner in ihm angelegten Körpererfahrungen thematisiert zu haben. Hierbei entfernt sich Körpererfahrung unter dem Aspekt seiner Vermittlung im Sportunterricht vom traditionellen Leistungssport und führt hin zu bewußtem und lustvollem Erleben.

Hinrichs, Wilhelm/Kamilla Will/Christian Wopp (Hrsg.): Wir bringen was in Bewegung. Oldenburg 1983.
Dieser vorwiegend aus dem Bereich des Hochschulsports heraus entstandene Band macht besonders deutlich, daß hinter dem Entwurf einer alternativen Sportkultur ein politischer Distanzierungsprozeß steht. In diesem Sinne wird ein interessanter Überblick über die Entwicklung und den Stand gegenkulturellen Sports gegeben. Es werden des weiteren Beispiele vorgestellt, wie der Körper aus seiner gesellschaftlichen Disziplinierung herausgelöst werden könnte.

Dieckert, Jürgen (Hrsg.): Freizeitsport. Düsseldorf 1974.

Moegling, Klaus (Hrsg.): Wer hat Angst vorm Freizeitsport? Kassel 1983. Beide Bände setzen sich mit dem Sport als Freizeitaktivität auseinander, wobei der Freizeitbegriff durchaus als problematisch anerkannt wird. Aufbauend auf der Kritik am herkömmlichen Sport werden Vorschläge zur Erneuerung des Sports unterbreitet und für die entsprechenden Institutionen aufbereitet.

Moegling, Klaus: Alternative Bewegungskultur – vom Leistungssport zur Ökologie des Leibes. Frankfurt 1988.

Die folgenden Texte sind aus der subjektiven Erlebnisperspektive von Klaus geschrieben. Alle Texte sind von Klaus und Barbara gemeinsam diskutiert und formuliert worden. Die Demonstrationsfotos zeigen die Verfasser während der Bewegungsfolgen.

Meditation:
Sei einfach hier!

Ein Mann wurde einmal gefragt, warum er trotz seiner vielen Beschäftigungen immer so gesammelt sein könne.

Dieser sagte:
Wenn ich stehe, dann stehe ich –
wenn ich gehe, dann gehe ich –
wenn ich sitze, dann sitze ich –
wenn ich esse, dann esse ich –
wenn ich spreche, dann spreche ich ...

Da fielen ihm die Fragesteller ins Wort und sagten:
Das tun wir auch, aber was machst du noch darüber hinaus?

Er sagte wiederum:
Wenn ich stehe, dann stehe ich –
wenn ich gehe, dann gehe ich –
wenn ich sitze, dann sitze ich –
wenn ich esse, dann esse ich –
wenn ich spreche, dann spreche ich ...

Wieder sagten die Leute: Das tun wir doch auch.

Er sagte aber zu ihnen: Nein,
wenn ihr sitzt, dann steht ihr schon,
wenn ihr steht, dann lauft ihr schon,
wenn ihr lauft, dann seid ihr schon am Ziel ...

Dietmar Rost/Joseph Machalke

Meditation ist ein vielschillernder Begriff.

Daher ist es notwendig zu erklären, was wir unter Meditation verstehen.

Dies bedeutet nun nicht, daß die folgenden Gedanken ihren Ursprung bei uns haben.

Um Verwechslungen und Mißverständnisse zu vermeiden: Weder die Abwendung von der Welt, noch die Zuwendung zu irgendeinem Götzenkult soll hier als Wesen der Meditation verstanden werden. Die Verherrlichung des Aufgehens im Nicht-Sein führt ebenfalls wie die Anbetung einer übergeordneten und personifizierten göttlichen Instanz weg vom Leben, weg von der Entfaltung der menschlichen Möglichkeiten. Doch auch nicht die scheinbar spirituelle Aufblähung des durch ein verengtes Bewußtsein gekennzeichneten Egos soll hier als meditative Entfaltung aufgefaßt werden, der Meditation zu dienen habe.

Überhaupt: Meditation ist nicht im herkömmlichen Sinne zweckgerichtet, sondern der **lebenswerte Zustand**, in dem Leben seine in ihm angelegte Qualität entfalten kann.

Doch es ist richtig: Du brauchst erst einmal Leere, um innerlich ruhig und frei zu werden. Der Ausstieg aus deinem Alltagsbewußtsein, das Abschalten deiner zweckgerichteten und systematisch verengten gedanklichen Tätigkeit ist die Voraussetzung zur Meditation. In diesem Sinne ist die Leere die Bedingung zum Erfülltsein. Das Denken in seinem durch ein eingegrenztes Bewußtsein eingeschränkten Niveau verhindert gerade das, was hier unter Meditation verstanden werden soll. Ist nun die gedankenlose

Selbstversunkenheit das, was hier mit Meditation gemeint sein soll? Nein, Meditation ist kein in sich gekehrtes Dösen, kein isoliertes Schwelgen. Die Befreiung von der Hektik und der Enge unserer Bewußtseinstätigkeit eröffnet uns zwar eine Situation und ein Gefühl der Entspannung, die uns die notwendige innere Ruhe verschaffen. Doch Meditation selbst ist kein Abschalten nach innen oder nach außen, sondern weist uns in einer ganzheitlichen Weise einen Weg zu uns selbst und zu unserer Umwelt. Ich lege die innere und äußere Unruhe ab und beginne **einfach da zu sein**. Wenn wir zur Ruhe und Entspanntheit kommen wollen, öffnen wir uns – meist über eine meditative Praktik – für unseren Körper und setzen ihn mit unserer Umwelt in Beziehung. Wir sind hierbei hellwach, unsere Sinne sind nach außen und nach innen geschärft. Wir spüren unseren Atem, das Schlagen unseres Herzens, das Fließen unserer Energie und hören die Geräusche, sehen Farben und Schatten, spüren den Wind und Kälte oder Wärme. Wir befinden uns in einem sensiblen und bewußten Zustand, ohne dies als eine besondere Tätigkeit anzusehen. Wir sind einfach nach innen und außen da. Wir sind in der Gegenwart, in der gegenwärtigen Situation – im Hier und Jetzt. Meditation heißt: **Einfach da sein – im Hier und Jetzt.**

Damit wir wirklich in unserem Körper sind und unseren Sinnen wirklich unsere Umwelt bewußt ist, ist es schon notwendig, das Sich-in-den-Gedanken-verlieren zunächst einmal aufzugeben. Die Gedankenleere ist die Voraussetzung für die innere Ruhe, die wir zur Wahrnehmung und zur Bewußtheit unseres Seins benötigen. Erst wenn du dich von der Enge deiner Bewußtseinstätigkeit, von deinen hektischen Gedanken befreit hast, wenn du in deinem Körper und deiner Umwelt aufgehst und ganz da bist, wenn du zum Zustand des Nichts-Tun gekommen bist, dann kannst du auch wieder etwas tun: Sogar denken – aber diesmal ein Denken, das auch dein Unterbewußtsein, all das Verdrängte thematisiert und intensiv wahrnimmt. Deine innere Ruhe gibt dir die Großzügigkeit, auch über Gefährliches, dein Selbst Gefährdendes nachzudenken. Hochkommende Gefühle brauchen nicht mehr verdrängt und abgeblockt zu werden. Innere Ruhe läßt die Freiheit der Gefühle und Gedanken zu. Doch nicht nur das Denken erhält eine neue, meditative Qualität: Kochen, essen, trinken, stricken, gehen, riechen, schreiben, singen, schneidern, graben, klopfen, unterrichten, zärtlich sein, selbst die meditative Technik kann eine neue Art und Weise bekommen. Alles, was wir machen, wird bewußter, aufmerksamer und intensiver, denn wir machen es **jetzt**, wir machen es **wirklich**. Zukunft und Vergangenheit werden nicht ausgeschaltet, verlieren aber ihre Dominanz zugunsten der Gegenwart.

Wie oft verhindert die Erinnerung an die Vergangenheit, überhaupt das Steckenbleiben in der Vergangenheit ein aktives Leben in der Gegenwart? Sicherlich können wir aus der Vergangenheit lernen, doch wieviel Menschen benutzen die Vergangenheit als Vorwand, um sich nicht dem Jetzt zu stellen?

Sicherlich müssen wir auch über die Zukunft nachdenken, an unsere zukünftigen Möglichkeiten denken, um Orientierungen für unser Verhalten in der Gegenwart zu gewinnen.

In der meditativen Lebensweise kommt es besonders darauf an, voll und ganz anwesend zu sein und alles, wirklich alles in sich wirken und auf sich einwirken zu lassen. So einfach sich dieser Satz anhört, so schwer ist es doch für uns, aus den engen Bahnen unserer Wahrnehmung und der Unruhe unseres Körpers auszusteigen. Noch schwieriger erscheint es uns, die Trennung der lebenswichtigen Bereiche, unsere Gespaltenheit in Geist, Körper und Umwelt zu überwinden, so daß wir alles umfassend und ganzheitlich in unsere Aufmerksamkeit übernehmen können.

Sich hinsetzen und meditativ sein oder gar ohne weiteres die meditative Haltung in den Alltag integrieren – das können die wenigsten, die lebenslang einen anderen Zustand gewohnt sind. Dies ist der Grund für den Einsatz meditativer Techniken, die beim Aus- und Einsteigen helfen sollen. Oft wird allerdings die Meditationstechnik mit der eigentlichen Meditation verwechselt. Doch die Technik ist nicht gleichzusetzen mit der Meditation, sondern – eine Meditationstechnik gleicht dem Krückstock, mit dem sich der Gehbehinderte doch vorwärtsbewegen kann. Die Technik ist eine Hilfe, zu einem meditativen Erleben zu finden – eine Hilfe, die aufgrund ihrer Eigenart eine besondere Bedeutung für den Meditierenden hat.

Hierbei gibt es nicht **die** Meditationstechnik, die einzigartig und allein gültig ist. Jeder Mensch wird seinen eigenen Weg finden müssen. Wir selbst bevorzugen für uns den Weg, den wir im Rahmen dieses Buches vorstellen möchten. Verkürzt gesagt: Über die Bewegung und die Veränderung meiner Bewegungsqualität kann ich sehr gut zu der inneren Ruhe finden, die für ein meditatives Erleben Voraussetzung ist. Andere haben den Wert des regungslosen Sitzens und der Versenkung in den Atem schätzen gelernt. Andere wiederum bevorzugen symbolische Malereien (Mandalas), heilige Worte oder Silben (Mantras), unlösbare Rätsel (Koans), eine Kerze, die Sonne oder den Herzschlag, um aus der Enge ihres Alltagsbewußtseins auszusteigen und zu einer meditativen Wahrnehmung zu finden. Jeder Weg kann richtig sein, wenn er nicht krampfhaft als Mittel zum Zweck begriffen wird. Wird der meditative Weg nur zur zweckgerichteten Technik, verschließt er sich und ermöglicht nicht das, was er bedeuten könnte.

Dies meint, wenn ich tanze, dann tanze ich; wenn ich Tai Chi mache, dann mache ich Tai Chi; wenn ich eine Sensitivübung mache, dann bin ich voll und ganz dabei. Doch auch andererseits: Über das Laufen oder das Tanzen kann ich mich austoben, loslassen oder auch ausdrücken, so daß ich bereit für das Tai Chi werde. Die langsamen, fließenden Bewegungen des Tai Chi helfen mir wiederum, meine innere Ruhe zu finden und zu genießen, Innen und Außen auszubalancieren, mich für meinen Energiefluß zu öffnen. Dies ist eine hervorragende Voraussetzung für meine Freiheit und Offenheit gegenüber dem anderen. Das Tanzen und das Tai Chi führen mich zu einer Bewußtheit, Offenheit und Entspanntheit, die für die Nähe und die Zärtlichkeit mit dem anderen förderlich sind.

Beide Betrachtungsweisen verdeutlichen: Die Technik ist ein Weg, aber der Weg ist auch das Ziel. Wir verwenden die meditationsfreundliche Technik, um Meditation zu erfahren, meditieren aber auch gleichzeitig in dieser Technik. Ich mache beispielsweise die »Eight Brocades«, um mich durch sie für die Meditation zu öffnen, begreife aber gleichzeitig meine Bewegungen als meditatives Tun.

Wir treffen uns in Gruppen und führen Meditationsabende durch, oder ich ziehe mich an eine ruhige Stelle zurück und meditiere. Uns gelingt es tatsächlich, etwas von dem zu erfahren, was wir unter Meditation verstehen. Doch was kommt danach?

Fängt uns dann der Alltag wieder ein?

Ist die Meditation nur eine Oase, in die wir uns flüchten können, die uns hilft, das ansonsten Unerträgliche (einschließlich uns) zu ertragen?

Meditation, wie sie hier verstanden werden soll, hat einen ganzheitlichen Anspruch; sie läßt sich nicht auf enge Nischen begrenzen. Sie breitet sich – wenn du ihr geeignete Bedingungen erstellst – wie ein Flächenbrand über dein ganzes Leben aus. Du wirst versuchen, dir Lebensbedingungen zu schaffen, die deiner neugewonnenen Bewußtheit eher entsprechen. Lebensfeindliche Bedingungen werden durch die Meditation dir wesentlich bewußter und spürbarer. Entweder wirst du am Widerspruch zwischen deiner meditativen Bewußtheit und den hiergegen stehenden Lebensbedingungen scheitern, oder du wirst nach einer Veränderung deiner existenziellen Möglichkeiten trachten. Dies wird niemals nur ein individueller und unpolitischer Weg sein können. Sowohl die Veränderung deiner individuellen Gewohnheiten als auch das gemeinsame politische Engagement schaffen letztlich die Lebensbedingungen, die der Meditation langfristig und umfassend einen fruchtbaren Nährboden bieten können.

Um dies noch einmal mit anderen Worten zu verdeutlichen:

Es geht bei dem meditativen Erleben nicht um das Erlebnis irgendwelcher Grenzerfahrungen, die nicht im Diesseits angesiedelt scheinen, sondern um die Möglichkeit, über Meditation die Erlebnisfähigkeit wiederzuerlangen, die den Kleinkindern noch selbstverständlich ist. Hierbei geht es nicht um die Forderung nach frühkindlicher Regression, sondern um das Bestreben der lebensgeschichtlich wichtigen Erfahrungen mit einer wiederentdeckten Sensibilität für das Leben – ein Leben, das, je älter man wird, um so schneller dahinjagt und vergeht. Es geht um das Aussteigen aus diesem Schnellzug und den Einstieg in einen Bummelzug, bei dem nicht nur das Blumenpflücken während der Fahrt nicht verboten, sondern auch das Wandern im Wald gestattet ist. Konsequenterweise wirst du auch etwas dagegen tun wollen, daß dir dieser Wald mehr und mehr genommen wird. An diesem Punkt wird deutlich, wie eine meditative Lebenshaltung in aktives gesellschaftspolitisches Engagement umschlagen kann.

Büchertip

Falls du das Buch von *Michael Ende* (»Momo«) noch nicht kennst, lies es bitte zuerst, denn auch du mußt den Kampf mit den »grauen Gesellen« aufnehmen, die dir deine Zeit stehlen. Dieses Buch hilft dir, den Zeitdieb in dir besser zu erkennen. Lies ergänzend hierzu das kleine Buch von *Alan Watts:* »Zeit«.

Das Buch von *Bhagwan Shree Rajneesh* (»Meditation – die Kunst zu sich selbst zu finden.«) veranschaulicht sehr gut, was Meditation als Bewußtwerdung des Gegenwärtigen bedeuten kann – auch wenn du Bhagwans speziellen Weg nicht gehen möchtest.

David Brandon zeigt den Zusammenhang zwischen meditativer Veränderung der Persönlichkeit und dem Wunsch nach äußerem Eingreifen in zwischenmenschliche und gesellschaftspolitische Situationen (»Zen in der Kunst des Helfens«).

Ernst Eggimann problematisiert den Zusammenhang zwischen innerer und äußerer Erfahrung und deutet einen Weg an, auf dem Meditation zu gesellschaftlichem Engagement führen kann (»Meditation mit offenen Augen«).

Des weiteren gibt eine Auswahl folgender Meditations-Literatur einen Überblick über die unterschiedlichen Bedeutungszusammenhänge und Techniken der Meditation:

Boden, Liselotte: Meditation und pädagogische Praxis. München 1978.

Carrington, Patricia: Das große Buch der Meditation. München 1983.

Naranjo, Claudio/Robert E. Ornstein: Psychologie der Meditation. Hamburg 1978.

Schwäbisch, Lutz/Martin Siems: Selbstentfaltung durch Meditation. Hamburg 1976.

Öffne die Tür
und trete langsam ein

»Zentrieren« – die eigene Mitte finden

IN DIR

Über dir
Sonne Mond und Sterne

Hinter ihnen
unendliche Welten

Hinter dem Himmel
unendliche Himmel

Über dir
was deine Augen sehen

In dir
alles Sichtbare
und
das unendlich Unsichtbare

Rose Ausländer

Das chinesische Denken lehrt uns, daß die Welt ein durchgehend polares Gestaltungsprinzip aufweist. Aus dem Tag entsteht die Nacht, aus dem Sommer der Winter, aus dem Wachsen das Absterben und aus der Ebbe die Flut. Diese Polarität drückt sich in der Symbolik von Yin und Yang aus. Yin ist dunkel, Yang ist hell; Yin zieht sich zurück, Yang drängt nach vorn; Yin ist weich und empfangend, Yang ist hart und drängend; Yin ist unten, Yang ist oben ... Yin und Yang bezeichnen jedoch keine Gegensätze im eigentlichen Sinne. Polarität meint etwas anderes: Yin und Yang bezeichnen die beiden unterschiedlichen Seiten einer einzigen kosmischen Kraft. Yang ergibt sich aus Yin, und Yin ist bereits in Yang wieder als Keim angelegt. Polaritäten sind keine Gegensätze, sondern Extremkräfte im Spannungsfeld einer einzigen Kraft, die in einem kontinuierlichen Wechsel begriffen ist. Yin und Yang wechseln im unzerstörten Mikro- und Makrokosmos ständig und in einem steten Fluß. Sie befinden sich in diesem Sinn in einer Art Balance.

Würde der Wechsel von hell und dunkel, von kalt und warm, von Anziehungs- und Fliehkraft außer Kraft gesetzt oder behindert, so wäre der natürliche Rhythmus zerstört, die Natur käme aus dem Gleichgewicht. Naturkatastrophen wären (und sind) die Folge, letztlich die Vernichtung jeglichen, auf das Gleichgewicht und den ständigen Wechsel der polaren Kräfte angewiesenen natürlichen Lebens.

Was für die Umwelt des Menschen gilt, hat auch für den Mikrokosmos Mensch seine Gültigkeit. Auch im Menschen ist das

Wechselspiel von Yin und Yang am Wirken. Aus der Einatmung erfolgt das Ausatmen, das Herz zieht sich zusammen und dehnt sich wieder aus, Sympathikus und Parasympathikus verhalten sich polar zueinander ...

Auch hier scheinen Yin und Yang miteinander zu konkurrieren, unvereinbare Gegensätze zu sein. Dennoch: In Yin ist bereits schon wieder (oder noch?) etwas Yang enthalten. Die Erschlaffung des Herzmuskels ist bereits schon wieder der Neubeginn der Kontraktion. Selbst in der hohen Erregung des Sympathikus, regt sich leise und sanft der Parasympathikus, um wieder nach und nach an Bedeutung zu gewinnen. Wenn das Wechselspiel von Yin und Yang im Körper gestört ist, wird der natürliche Rhythmus des Körpers unterbrochen, unser Körper kommt aus dem Gleichgewicht. Wir werden krank.

Wenn wir uns in einem latenten Erregungszustand befinden und nicht mehr in der Lage sind, uns zu entspannen, werden wir gereizt und nervös. Dies wiederum hat Folgen für unsere Atmung, für unser Herz, für unseren Blutdruck, für unseren gesamten Körper. Unser natürliches System bricht zusammen, was – ohne die Wiederherstellung des ungestörten Wechselspiels – zum Absterben unseres Körpers führen kann. Die hohe Rate der Herzinfarkttoten ist ein deutlicher Hinweis auf die zerstörte Balance von Yin und Yang. Wir leben allzuoft gegen unsere Natur. So ist es ein charakteristisches Symptom des westlichen Menschen, sich zur Erreichung irgendwelcher Zielsetzungen unter Mißachtung seines Körpers latent zu stressen. Die Folge ist eine ständige Überreiztheit und Überspanntheit, die zur Blockierung des inneren Energieflusses führt. Doch die Energie des Menschen (Chi) muß frei fließen können, wenn die körperlichen Funktionen in der Balance von Yin und Yang stehen sollen. Mit der inneren Energie ist jene Kraft gemeint, die unseren Körper durchströmt und am Leben erhält und das Innenleben des Körpers trägt. Beispielsweise bedienen sich Akupressur und Akupunktur des

Wissens um die Energielinien und -punkte, um Heilungsprozesse zu erzielen. Im Zustand eines freien Strömens des Chi ist der Energiefluß als warmes Prickeln und Fluten spürbar, wenn ich ihm meine Aufmerksamkeit zuwende.

Es ist offenbar das Problem sehr vieler westlicher Menschen, mit ihrer Überreiztheit und ihren Energieblockaden fertig zu werden. Hieraus lassen sich wohl auch die zunehmenden Versuche erklären, über den Einsatz meditativer Techniken zur inneren Ruhe zurückzufinden.

Das Tai Chi – und alle hier aus dem Umfeld des Tai Chi entnommenen Übungen – hat das Ziel, die Harmonie von Mikrokosmos (Körper) und Makrokosmos (Welt) wiederherzustellen bzw. zu bewahren. Die Prinzipien des Tai Chi berücksichtigen durchgehend das Wechselspiel von Yin und Yang. Die Tai-Chi-Bewegung selbst ist der meditative Tanz des Menschen nach den Gesetzen seiner natürlichen Umwelt. So symbolisiert bereits die Grundstellung des Tai Chi die polaren Kräfte Yin und Yang in unserer Körperhaltung, die unser Verhältnis zu Erde und Himmel verdeutlicht. Wir fühlen uns am Scheitel – wie an einem Faden – hochgezogen zum Himmel. Unsere Wirbelsäule befreit sich daher aus ihrer oftmals eingesunkenen Haltung. Unser Unterkörper fühlt sich nach unten gezogen, und wir stehen wie in einer Ein-Viertel-Sitzhaltung. Die Knie sind gebeugt, und wir fühlen uns tief im Boden verwurzelt. Schaut euch einmal an, wie ein Kind, das gerade Laufen gelernt hat, steht, und ihr kennt dann genau die Grundstellung des Tai Chi. Auch wenn diese Stellung uns zunächst ungewohnt, vielleicht sogar unangenehm erscheint, ist dies doch eine sehr natürliche Stellung, in der Yin und Yang zum Ausdruck kommen.

Dies ist daher eine besonders geeignete Stellung, in der wir – über unsere Zentrierung auf unser Energiezentrum im Bauchraum – den freien Fluß unserer inneren Energien begünstigen können. Fast alle hochentwickelten Kulturen kannten dieses Energiezentrum (im Chinesischen: »Tan Tien«), das etwa drei Finger breit unter dem Bauchnabel liegt. Indem wir unsere Aufmerksamkeit unverkrampft auf diese gut vorstellbare Stelle in unserem Körper richten und unsere dort befindlichen Muskelschichten von innen entspannen, befreien wir unseren Tan Tien von Blockierungen, die den Energiefluß und somit das ungestörte Wechselspiel von Yin und Yang behindern. Allein dieses Zentrieren kann bereits eine außerordentlich wirksame Entspannungstechnik darstellen und bei entsprechender Aufmerksamkeit und Bewußtheit in einen meditativen Zustand übergleiten. Über die Zentrierung finden wir zu unserer Mitte und setzen Innen und Außen in einen harmonischen Zusammenhang. – Aus der Zentrierung heraus beginnt das eigentliche Tai Chi und beginnen wir auch die meditativen Bewegungsfolgen, die in diesem Buch veranschaulicht werden sollen.

Eine Anleitung zur Zentrierung und zur Bewegung

Im folgenden möchte ich an einem Anleitungsbeispiel zeigen, wie es uns gelingen kann, unsere Mitte zu finden und uns aus unserer Mitte heraus zu bewegen – auch wenn wir vorher hektisch und nervös waren. Solch ein Abend (oder andere Tageszeit) sollte zumindest aus den folgenden drei Phasen bestehen:

1. Phase:
Freies Tanzen: Hierdurch können wir schon etwas aus unserer Alltagsmotorik aussteigen und Verspannungen los werden.

2. Phase:
Besinnung auf den Körper: Der durch das Tanzen aktivierte Körper ist besser zu spüren. Wir wenden uns unseren deutlichen Körpersignalen zu, lauschen in uns hinein. Wir entwickeln die Aufmerksamkeit für unser Inneres und zentrieren uns.

Beim freien Tanzen sich austoben …

… und den Körper spüren.

3. Phase:
Öffnung nach außen: Wir nehmen unsere innere Zentrierung mit in die Bewegung und bewegen uns in unserem eigenen Rhythmus des Atmens durch den Raum. Wir nehmen den Kontakt zu unserer Umwelt auf. Wir sind dabei hellwach nach innen und außen.

»Schließe die Augen und lausche erst einmal ein bißchen der Musik. Laß dich ganz auf die Melodie der Musik ein und finde zu ihr. Beginne dich langsam zu der Musik zu bewegen. Mach keine Tanzschritte, sondern sei dein Körper, der sich zu der Musik bewegt... Hör auf dich zu kontrollieren. Du mußt jetzt nichts leisten. Laß dich einfach gehen und gib dich der Musik hin...

(Savage Rose: ›Dødens Triumf‹)

Wenn die Musik langsam wird, werde auch du langsamer. Wird die Musik schneller, dann steigere auch du dein Tempo. Dann tanz deine Gefühle und sei ganz dein Körper...

Stop!

Bleibe stehen, wo du gerade stehst und laß die Augen geschlossen. Spür deinen Körper. Sei ganz bei dem, was dein Körper dir jetzt mitteilt...

Merkst du, wie dein Atem jetzt langsamer wird? Spürst du dein Herz noch? Laufen dir noch Schweißtropfen hinunter?...

Wie stehen deine Füße auf dem Boden? Hast du deinen Schwerpunkt mehr auf den Fußballen, hinten am Hacken oder mehr in der Mitte des Fußes? Kannst du dein Fußgelenk spüren? Deinen Unterschenkel, deine Knie? Sinke etwas ein in den Knien. Gehe dabei so tief, wie es dir gerade noch angenehm ist. Spürst du die Spannung in deinen Oberschenkeln? Laß die Muskeln los. Versuch sie – trotz der tiefen Stellung – zu entspannen. Wie ist dein Becken gekippt? Führe es einmal nach hinten und strecke den Po heraus wie eine Ente.

Jetzt kipp das Becken ganz nach vorn. Und jetzt wieder nach

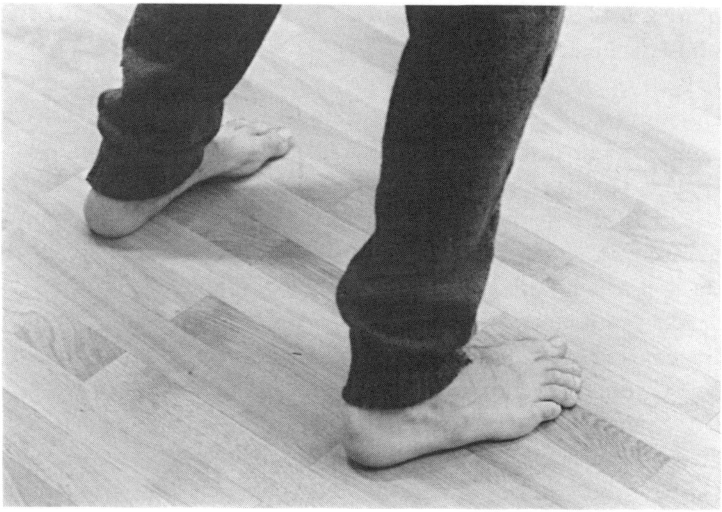

Seine Mitte spüren

Spürst du deine Füße?

hinten. Probiert das solange für euch, bis ihr euch dort ganz frei und geschmeidig fühlt...

Hast du nun hierbei deine Gesäßmuskulatur angezogen oder ist sie entspannt? Laß deine Gesäßmuskeln los. Öffne dich nach unten. Sei in deinem After- und Genitalbereich offen und entspannt. Drück einmal sanft mit der Hand auf deine Bauchdecke. Wie fühlt sich dein Bauchraum an? Laß deine Muskeln im Bauchraum los. Laß ganz locker. Schau noch einmal nach, ob Verspannungen da sind, und laß noch einmal los. Wende deine Aufmerksamkeit nun einer Stelle ungefähr drei Zentimeter unter deinem Bauchnabel zu – deinem Tan Tien. Wie fühlst du dich dort an? Kannst du ein Gefühl für diesen Bereich entwickeln?...

Geh mal, wie mit einer inneren Sonde, deine Wirbel hoch vom Steißbein bis zum Nacken. Langsam und aufmerksam. Spüre jeden Wirbel einzeln. Kannst du Verspannungen spüren? Wo fühlt es sich angenehm an, wo spürst du eher ein schmerzhaftes Gefühl?...

Und jetzt wende deine Aufmerksamkeit deinen Schultern zu. Hast du sie angezogen? Laß sie herabsinken, bleibe aber aufrecht. Laß deine Arme und Hände locker an der Seite hinunterhängen. Dein Oberkörper aber ist aufgerichtet. Du fühlst dich mit deinem Oberkörper leicht nach oben gezogen und mit deinem Unterkörper nach unten angezogen. Du sinkst in den Boden ein, aber zeigst mit dem Oberkörper aufrecht zum Himmel...

Wie atmest du? Atme regelmäßig und leicht. Laß dich atmen...

Unternimm nun keine besondere Anstrengung, aber stell dir vor, du atmest durch deine Füße hindurch ein und über deine Füße wieder aus. Stell dir hierbei beim Einatmen vor, du ziehst dir Kraft aus dem Boden, auf dem du stehst. Die Energie steigt aus dem Boden in deinen Körper herein, wandert mit dem weiteren Atemzug deine Beine, deinen ganzen Körper hoch bis in deinen Kopf, ganz unter deinen Scheitel und strömt mit dem Ausatmen wieder nach unten. Es ist ein ständiger Kreislauf. Mit dem Einatmen steigt die Energie nach oben. Mit dem Ausatmen fließt sie wieder nach unten und wird in die Erde abgegeben ...

Wenn du jetzt einatmest, atme von unten aus dem Boden durch deine Füße hindurch in deinen Bauchraum hinein ein. Wenn du ausatmest, atme von oben, von der Brust her in deinen Bauchraum hinein aus. Über deinen Atem wird so deine Energie in deinem Bauchraum angesammelt. Von unten und von oben atmest du Energie in dein Bauchzentrum. Stell dir vor, diese Energie verdichtet sich immer mehr und immer mehr – bis zu einem Ball aus Energie. Nach einiger Zeit variierst du nun deine Art und Weise zu atmen.

Atme aus dem Boden über deinen linken Fuß, dein linkes Bein, in dein Bauchzentrum hinein und atme durch deinen rechten Fuß wieder in die Erde zurück aus. Von hier aus atmest du dann wieder ein und verlagerst den Schwerpunkt zu dem anderen Bein hin, in das du ausatmest. So schwankst du jetzt eine ganze Zeit hin und her und versuchst den Rhythmus deines Atems in dieses Schwanken zu übertragen ...

Der Impuls zum Ein- und Ausatmen kommt hierbei aus deinem Energiezentrum im Bauchraum. Der Energieball in deiner Mitte saugt die Energie aus dem Boden zu dir herauf, läßt sie durch deinen Bauch zur anderen Seite hindurch und gibt die Atemenergie durch das andere Bein wieder in den Boden ab ...

Wenn du nun einen eigenen Rhythmus gefunden hast, kannst du versuchen, das nicht belastete Bein noch etwas leichter zu machen. Aber noch hebt der Fuß nicht vom Boden ab. Erst ganz allmählich nimmst du den Fuß ein paar Millimeter hoch, dann ein paar Zentimeter ...

Öffnet ganz langsam die Augen und beginnt, die Füße anzuheben und aus dem Schwanken heraus vorsichtig zu gehen. Behaltet euren Rhythmus bei. Haltet die Augen auf Blickhöhe und stellt euren Blick auf unscharf. Ihr seht nichts genau an, könnt aber alles sehen. Eure Bewegung kommt aus eurem Zentrum im Bauchraum heraus. Hieraus entsteht euer Bewegungsimpuls. Von dort atmet ihr in euer aufsetzendes Bein, durch euren Fuß hindurch aus; nach dort zieht ihr mit dem Einatmen aus dem gleichen Bein die Energie wieder aus dem Boden zu euch herein. Mit der Einatmung hebt ihr gleichzeitig euren hinteren Fuß zum nächsten Schritt an, verlagert euer Zentrum in die Richtung, in die ihr euch fortbewegen wollt, setzt das Bein wieder auf und atmet gleichzeitig in das Bein hinein und durch den Fuß in den Boden aus... Ihr bleibt hierbei immer auf einer Höhe. Ihr geht nicht hoch und runter, sondern verschiebt euch wie auf einer Schiene vor und zurück. Geht ganz gleichmäßig und fließend, aus eurem Bauch heraus. Seid ganz bei eurer Bewegung...

Variiert ein bißchen. Geht zur Seite oder auch rückwärts...

Beginnt nun, eure Arme und Hände passend zu eurer langsamen Fortbewegung zu bewegen. Macht runde, gleitende Bewegungen. Improvisiert mit euren Händen und Armen. Führt sie ohne großen Kraftaufwand, nur mit der Muskelanspannung, die gerade notwendig ist, um sie anzuheben oder langsam zu senken...

Eure Fortbewegung ist wie euer Atem. Eure Hände und Arme nehmen den Rhythmus eures Atems auf...

Nun geht langsam auf einen Partner in eurer Nähe zu. Je näher ihr einander kommt, desto mehr gleicht sich euer Rhythmus an. Ihr braucht euch nicht identisch zu bewegen, aber euer Rhythmus wird immer ähnlicher. Nähert euch einander, bis ihr – voreinander stehend – in einem gleichen Rhythmus hin- und herschwankt. Eure Arme und Hände schwingen sich aufeinander ein, ohne sich kopieren zu müssen. Ihr nehmt mit eurem gemeinsamen Rhythmus auch einen gemeinsamen Atem an. Schaut euch jetzt dabei in die Augen. Seht euch richtig an. Laßt nun den Blick nicht verschwimmen. Seht euch in die Tiefe eurer Augen und fließt in eurem gemeinsamen Rhythmus...

Wer sich anfassen und berühren will, kann das auch tun. Behaltet aber euren Rhythmus bei...

Löst euch wieder von euren Partnern und sucht euch einen neuen Partner, nehmt die gemeinsame Schwingung auf...

Löst euch auch wieder von diesem Partner und geht langsam auf die Mitte des Raumes zu. Seht nun nicht mehr einen einzelnen, sondern bezieht euch auf die ganze Gruppe. Habt immer mehrere aus der Gruppe im Blick und nehmt den Rhythmus der Gruppe in euch auf und für euch an. Bewegt euch im Rhythmus der Gruppe durcheinander...

Geht nun langsam auf einen Platz in einem Kreis zu. Wir bilden einen Kreis und schwingen weiter in unserem Rhythmus. Geht jetzt näher zur Kreismitte und beendet die Bewegung eurer Arme, wenn ihr euren Nachbarn berührt. Geht weiter zur Mitte, bis wir Schulter an Schulter stehen, und schließt die Augen...

Beginnt sehr vorsichtig, nur wenige Zentimeter hin und her zu schwanken. Atmet aus euren Füßen heraus ein und mit dem Hinüberschwanken in den anderen Fuß aus. Einatmen, Ausatmen. Spürt, wie ihr beim Schwanken durch eure Mitte geht. Seid ganz bei euch und fühlt euch aufgehen in unserer Gruppe. Spüre die Kraft und Energie der Gruppe in dir...

... (nach einer langen Zeit)... Öffnet langsam die Augen. Laßt das Licht vorsichtig zu euch herein. Schaut euch einmal an. Schaut euch in die Augen... Ihr habt eben zwei Stunden Tai Chi gemacht. Das war Tai Chi im wahrsten Sinne. Versucht etwas hiervon aus diesem Raum in euren Alltag mitzunehmen und zu erhalten.«

Merkpunkte für die Körperhaltung beim Zentrieren:
- Sind meine Füße parallel zueinander, stehen sie schulterbreit auseinander?
- Sind meine Knie gebeugt und etwas nach außen geöffnet?
- Ist mein Becken etwas nach vorn in der Hüfte abgeknickt?
- Ist mein Rückgrat aufgerichtet?
- Sind meine Schultern entspannt?
- Ist mein Nacken gestreckt?
- Bilden mein Kopf, mein Nacken, mein Rücken und mein Gesäß eine möglichst gerade und senkrechte Linie?

Büchertip

Mittlerweile ist eine Vielzahl von Tai-Chi-Büchern erschienen.

Neuere Veröffentlichungen sind u. a. *Foen Tjoeng Lie* (»Chinesisches Schattenboxen – Tai-Ji-Quan.« Niederhausen/Ts 1987), *Christa Proksch* (»Taijiquan«. Darmstadt 1987), *Ute Engelhardt* (»Theorie und Technik des Taiji Quan.« Schorndorf o. J.), *Toyo und Petra Kobayashi* (»T'ai Chi Ch'uan – eins werden mit dem Tao«, München 1989) und *Klaus Moegling* (»Die chinesische Bewegungsmeditation Tai Chi Chuan. Ein Lehrbuch für Anfänger und Fortgeschrittene«. München 1988).

Da Liu erläutert gut verständlich und ausführlich genug den Gesundheitsaspekt des Tai Chi (*Da Liu:* Tao der Gesundheit und Lebensfreude. Frankfurt/M. 1982).

Typisch für das Tai Chi (und auch für das Zentrieren in der Grundstellung) ist eine tiefe Bauchatmung, die sanft und gleichmäßig durchgeführt wird. Folgende Bücher können hervorragend den Zusammenhang zwischen Atmen und innerer Energie verdeutlichen:

Stephan Pálos: Atem und Meditation. Bern und München 1980.

Tarthang Tulku: Selbstheilung durch Entspannung. Bern und München 1982.

Die Arbeit von *Moshe Feldenkrais* zeigt detailliert und begründet Prinzipien einer gesunden Körperhaltung auf (»Bewußtheit durch Bewegung. Der aufrechte Gang.«).

Annelie Keil (In: *Scholz, R./P. Schubert:* Körpererfahrung. Hamburg 1982, 179-196) erklärt Krankheit als einen durch die sozialen Lebensbedingungen mitverursachten Zustand, der durch das Ungleichgewicht bzw. die Einseitigkeit im Verhältnis von Yin zu Yang gekennzeichnet ist.

»Harmonie« – eine Bewegungsfolge im Fluß der fünf Elemente

Wenn auf Erden alle das Schöne als schön erkennen, so ist dadurch schon das Häßliche gesetzt. Wenn auf Erden alle das Gute als gut erkennen, so ist dadurch schon das Nichtgute gesetzt. Denn Sein und Nichtsein erzeugen einander. Schwer und Leicht vollenden einander. Lang und Kurz gestalten einander. Hoch und Tief verkehren einander. Stimme und Ton vermählen einander. Vorher und Nachher folgen einander.

Laotse

Die folgende meditative Bewegungsfolge kann – wenn du es wirklich willst – etwas Wunderschönes für dich sein. Die »Harmonie« ist wie ein Geschenk, das du jemandem machen kannst, den du sehr lieb hast. Es ist ein schöneres Geschenk als jeder Konsumartikel. Die »Harmonie« birgt Gefühlsqualitäten in sich, die durch keinen Videofilm, keine Stange Zigaretten oder einen Kriminalroman entfaltet werden können. Sie ist wie ein Blumenstrauß, der niemals verwelkt, wenn ich ihre Formen regelmäßig erlebe und pflege.

Wir danken unseren Lehrern, daß sie uns dieses Geschenk gemacht haben. Sie sind auch daran beteiligt, wenn wir nun den Lesern dieses Geschenk – so wie wir es erlebt haben – weitergeben.

Wenn ich diese »Harmonie« mit mir selbst und mit anderen erleben will, versuche ich erst zur Ruhe und innerer Aufmerksamkeit zu gelangen. Dies kann durch Tanzen, Laufen, Zentrieren im Sitzen und im Stehen, verbunden mit Atemübungen oder sehr einfachen Bewegungsübungen geschehen. Habe ich das Gefühl für mich gefunden und habe ich den Eindruck, daß dies auch den anderen für sich selbst gelungen ist, versuche ich mit ihnen die »Harmonie« gemeinsam aufzubauen. Ich kann dabei die folgenden Worte gebrauchen, die unsere Bewegungen begleiten:

»Die Harmonie ist eine meditative Bewegung, die auf der chinesischen Elementenlehre aufgebaut ist. Ich will hier nicht ausführlich über den philosophischen und medizinischen Hintergrund sprechen, nur folgendes erzählen: Jeder Bewegungsfolge, die wir gleich miteinander entwickeln werden, ist eins der fünf Elemente zugeordnet – Wasser, Holz, Feuer, Erde und Metall. Jedem Element, jeder Bewegungsfolge und jeder Bewegungsqualität sind bestimmte Organe des Körpers und Bereiche im Körperinnern zugeordnet, auf die wir uns jeweils beziehen und denen die »Harmonie« gewidmet ist.

Bis auf das Element Holz hat jedes Element ein »Haus« in unserem Körper. So ist das Haus des Wassers unser Bauchraum, das Haus der Erde ist der Solarplexusbereich, das Feuer kommt von der Herzgegend, und das Metall wohnt am Kehlkopf und in der Stirn. Nur das Holz hat kein Haus im Körper. Dennoch werden dem Element Holz innere Organe zugeordnet (Leber und Galle).

Jede an die Elemente gebundene Bewegung hat eine eigene Gefühlsqualität, die für jeden verschieden sein kann. So löst z. B. die Feuerbewegung bei mir Freude und bei einem anderen die Wasserbewegung Traurigkeit aus. Es ließe sich noch sehr viel mehr hierüber erzählen. Doch ich meine, es ist zunächst nicht notwendig. Wichtiger ist es, die Erfahrung an sich selbst zu machen.

Wir wollen die fünf Bewegungsfolgen zum Teil isoliert üben und sie anschließend zusammenfügen.

Macht jede Bewegung sehr aufmerksam und bewußt. Dies ist keine Gymnastik. Habt dabei eine lockere und leichte Grundspannung. Alle Bewegungen sind in einem fließenden Wechsel von leichter Anspannung und Entspannung begriffen. Schaut bitte erst zu, wie ich die Bewegungsfolgen des Wassers und des Holzes durchführe. Erst wenn ihr euch den Bewegungsablauf optisch eingeprägt habt, sollt ihr euch selbst in die Bewegung einfinden. Wir stehen in unserer Grundstellung und zentrieren uns eine Weile. Aus der Zentrierung heraus steigen beide Arme parallel zueinander langsam hoch bis etwa auf die Höhe des Herzens. Bei einer leichten Anspannung des Oberkörpers und der Arme neigt

Zentrieren in der Grundstellung zu Beginn der »Harmonie«.

sich unser Rumpf nach vorn, und gleichzeitig drückt der Hintern nach hinten. Hierauf sinkt der Körper entspannt in sich zusammen. Zeitlupenhaft, als wenn wir uns im träge dahinfließenden Strom des Flusses befänden, tauchen wir hierbei nach unten: Die soeben noch vorgestreckten Hände und Arme sinken hinunter, und der Oberkörper beugt sich langsam und sich entspannend nach unten, bis wir uns in einer gehockten Stellung wiederfinden. Dies ist die Bewegung des Wassers. Wenn ihr in einen Wasserfall schaut, könnt ihr die gleiche Bewegungsqualität erkennen. Das Wasser scheint im Zeitlupentempo herunterzutreiben und kommt unten auf. Nun beginnt in unserer Bewegung etwas Ähnliches wie bei dem Wasserfall. Das Wasser spritzt nach dem Aufprall vom Felsen kommend wieder mit Kraft nach oben. Aus der Sanftheit der herabtreibenden Bewegung entsteht Kraft und Stärke. Wir führen im Hocken unsere Hände zusammen und führen sie mit einer Kraft, die aus unseren Oberschenkeln kommt, nach oben, richten uns hierbei auf und strecken uns in die Höhe. Wenn wir unten unsere Hände zusammenführen, nehmen wir den Keim der nun noch jungen Pflanze auf und lassen den Schößling mit der treibenden Kraft des Holzes wuchtig – aber dennoch mit einer ruhigen Bewegung – emporwachsen. Schau dabei in deine Handflächen und sieh die junge Pflanze zum starken Baum werden.

Während die Bewegung des Wassers eine sehr weiche Yin-Bewegung ist, bringt die Holzbewegung den Yang-Aspekt der Bewegung zum Ausdruck – sie wächst kraftvoll, wuchtig und doch langsam hoch.

Sind unsere Hände oben angekommen, teilen sich die Hände und Arme wie zur Symbolisierung der Krone des Baumes und schweben wieder hinunter zur nächsten Bewegungsfolge auf der Höhe des Herzens.

Laßt uns nun diese ersten beiden Bewegungsfolgen gemeinsam durchführen ... Die dritte Bewegung der Harmonie ist die Bewe-

Die Krone des Baumes

gung des Feuers, die mit unserer Herzenergie in Verbindung steht. Schließt einmal alle die Augen, und legt eure Hände auf euren Herzbereich, und nehmt das Schlagen eures Herzens in eure Hände auf. Entwickelt ein Gefühl für euer Herz in euren Händen. Wenn ihr dieses Gefühl in euren Händen aufgenommen habt, wenn ihr die Energie eures Herzens in euren Händen sicher spürt, dann könnt ihr eure Hände langsam von eurem Herzbereich aus nach vorn entfernen. Kehrt wieder zurück, wenn das Gefühl für eure Herzenergie wieder schwächer wird. Bewegt so eure aufeinanderliegenden Hände langsam vom Herzen weg und zurück. Laßt die Bewegungen dabei langsam weiträumiger werden und öffnet die Augen dabei.

Dieses Bewegungsgefühl nehmen wir nun in die neue Bewegungsfolge auf. Wir nehmen die Hände zum Herzen. Laßt sie dort so lange ruhen, bis ich euch die Bewegung erklärt habe.

Wir drehen uns nach rechts. Hierbei könnt ihr den rechten Fuß ausdrehen. Gleichzeitig nehmen wir unsere Hände vom Herzen und geben unsere Herzenergie nach außen, als wenn wir jemandem Zuneigung geben. Wir führen die Hände von unserem Herzen fort und wenden dabei die Handinnenfläche nach außen. Wir drehen uns langsam wieder zur Mitte zurück und nehmen die Hände wieder etwas näher zu unserem Herzen hin, wobei wir die Handinnenflächen wieder zu unserem Herzen zurückdrehen. Der Fuß dreht sich ebenfalls gleichzeitig in seine ursprüngliche Stellung zurück. Nun beginnt die gleiche Bewegungsfolge nach links, ohne ins Stocken zu geraten. Wir geben von unserer Herzenergie, nehmen Energie zu uns, geben wieder weg im ständigen, fließenden Wechsel. Wir geben Zuneigung und bekommen Zuneigung.

Laßt uns dies nun zusammen probieren. Seid ganz weich und sanft in euren Bewegungen. Stellt den Blick auf unscharf. Ihr seht alles dabei, aber fixiert nichts genau ...

Von der Herzenergie weggeben

Wenn Holz im Feuer verbrennt, entsteht Asche, Erde. Die Bewegung der Erde ist dem Solarplexusbereich zugeordnet. Aus der Bewegung des Feuers heraus entsteht die Bewegung der Erde. Unsere Hände sinken nach unten, öffnen sich zu Schaufeln, die bereit sind, die Frucht der Erde aufzunehmen. Die Hände treiben sich überkreuzend hoch bis auf die Höhe des Solarplexus, wobei die Handinnenflächen sich nach oben drehen. An diesem Punkt angelangt, kehren die Hände wieder aus der Überkreuzung zurück, wobei die Handinnenflächen wieder nach unten gewendet werden. Die Erdenfrucht wird wieder verteilt. Es gibt auch hier keine End- oder Anfangspunkte. Im Ende der Bewegung ist der Anfang schon enthalten und umgekehrt. Yin und Yang gehen fließend ineinander über.

Die Hände treiben an der Hüfte nach außen vorbei, wenden und kehren wieder zur Überkreuzung im Solarplexusbereich zurück, wenn wir diese Folge in der Übung noch einmal wiederholen wollen. Die Hände sind dabei ständig am Drehen: Oben zeigen die Handinnenflächen ebenfalls nach oben, im Hüftbereich zeigen die Handinnenflächen nach unten. Laßt uns nun diese Bewegung gemeinsam durchführen ...

Konzentriert euch nun nicht mehr auf die Technik, sondern schaltet völlig ab und laßt die Hände vor euch hin- und hertreiben. Sie bewegen sich leicht und schweben, scheinbar ohne euer Zutun.

Ihr spürt vielleicht den energetischen Wechsel in euren Händen – ein Prickeln, ein Wärmegefühl oder auch ein Gefühl der Leere in den Händen, wenn ihr die Erdenfrucht ausgeteilt habt und zur Sammlung wieder wendet ...

Aus der Erde birgt der Mensch das Erz, aus dem Metall gewonnen wird. Aus der Erdenbewegung entsteht die Bewegung des Metalls. Aus der Überkreuzung der Hände im Solarplexusbereich drehen sich die Hände, treiben auseinander und sinken dabei nach unten. Sie treiben völlig entspannt, parallel zueinander herunterhängend nach rechts zur Seite und werden neben dem Körper in einer leichten Kreisbewegung langsam nach oben gehoben, bis die Arme über dem Kopf zur Streckung gebracht sind. Beide Arme und Hände weisen nun nach oben. Die Hände werden schulterbreit auseinander gehalten, wobei die Handinnenflächen zueinander gewandt sind. Nun werden die Hände im gleichen Abstand zueinander vor dem Körper hinuntergeführt, als wenn sie am Stamm eines körperbreiten Baumes hinuntergleiten würden. Sind die Hände am untersten Punkt angekommen – ohne den Oberkörper zu beugen, er bleibt aufrecht, treiben sie entspannt nach links, und die Bewegung beginnt zur linken Seite aufs neue. Ihr könnt euch bei der Anhebung der Arme mit dem jeweils entgegengesetzten Fuß auf die Zehenspitzen stellen, aber ohne ihn einzudrehen ...

Wir wollen nun die verschiedenen Bewegungsfolgen aneinanderfügen. Achtet am Anfang noch auf meine Bewegungen und nehmt sie euch zum Vorbild. Doch nach einigen Malen der Wiederholung macht euch diesen Bewegungsfluß zu eigen, ohne zu mir hinzuschauen. Entwickelt ein inneres Gefühl für die Bewegung, so daß wir ein gemeinsames Bewegungstempo haben, ohne uns ständig zu beobachten. Atmet hierbei so, wie es euch guttut. Ihr werdet sehen, daß sich die Atmung automatisch euren Bewegungen anpassen wird. Zwingt eure Atmung nicht, sondern laßt ihr und eurer Energie freien Lauf ...«

Im Laufe der Zeit wird jeder Teil der »Harmonie« eine eigene emotionale Qualität annehmen. Mit der Verfeinerung der Bewegungen, der gelungenen Zentrierung und der Leichtigkeit des Bewegungsflusses wird sich das Sensorium für die nun in unserem Körper frei strömende vitale Energie schärfen. Das Fließen der Energie läßt sich wahrnehmen und übt einen tief entspannenden Einfluß auf unser ganzheitliches Empfinden aus. Der freie Fluß der Energie ist die Voraussetzung für das ungestörte Wechselspiel der polaren Kräfte in unserem Körper und die Voraussetzung für innere und nach außen gerichtete Lebendigkeit. Der Empfänger eines solchen Geschenks wird es uns danken. Die »Harmonie« ist auch im übertragenen Sinne ein echtes Geburtstagsgeschenk …

Nach der »Harmonie« schreibt eine Teilnehmerin:
»Bei der ›Harmonie‹« habe ich mich mit mir selbst und mit Himmel und Erde eins gefühlt. Bewegung und Vorstellung der 5 Elemente bewirkten intensive Gefühle bei mir. Dies ist nicht immer so. Nur wenn ich ganz ruhig und aufmerksam bin, komme ich zu diesem Gefühl bei mir. Ich spüre das Wasser aus meinen Armen in die Hände und Fingerspitzen rieseln, spüre die Schwere des Wassers, das nach unten drängt. Beim Element Holz spüre ich die Kraft in meinen Oberschenkeln, spüre, wie der Keimling nach oben ans Licht, in den Himmel treibt, und spüre, wie er sich weit nach beiden Seiten ausbreitet, als wolle er alles umarmen. Die Energie des Herzens schließt sich an. Ich gebe und empfange Herzensenergie, alles versucht sich in mir zu erwärmen. Das schönste Gefühl habe ich bei der Erde-Übung. Mein ganzer Körper fühlt sich der Erde verbunden. Von ihr bekommen wir und zu ihr geben wir. Das drückt sich in meinem Körper durch ein Losgelöstsein aus. Die Hände bewegen sich von ganz allein, ohne jede Anstrengung, als wenn sie ein Eigenleben hätten. Ich spüre nur noch die warme, wohlige Energie, die mich durchflutet, durch meine Arme und Hände strömt. Mit dem letzten Element Metall kann ich nicht soviel verbinden. Ich genieße die beidseitige Streckung des Körpers mit der anschließenden Entspannung.«

Büchertip

Bei *Stephan Pálos* kannst du etwas über die chinesische Elementenlehre lesen (»Atem und Meditation«. Bern und München 1980, 29-35). *Al Huang* beschreibt eine weitere Bewegungsvariation, die auf den fünf Elementen aufgebaut ist (»Lebensschwung durch Tai Chi«. Bern und München 1981, 152 f.).

In *Klaus'* Tai-Chi-Lehrbuch (»Die chinesische Bewegunsmeditation Tai Chi Chuan«) ist die »Harmonie« noch ausführlicher bebildert dargestellt.

Auch wenn hier die Technik der Bewegung sehr genau beschrieben wurde, muß ich trotzdem noch einmal darauf hinweisen: Die Technik einer Bewegung ist nur ein dem inneren Erleben untergeordnetes Mittel. Auch wenn wir uns über die Ästhetik einer Bewegung freuen, kann sie dennoch leer sein, angelernt, aber nicht aus innerem Antrieb heraus geschehen. Lies hierzu – falls dich dieser Gedankengang interessiert – die Ausführungen von *Dore Jacobs* zum Problem der Form in der menschlichen Bewegung (»Die menschliche Bewegung.« Kastellaun 1977, 361-365).

»Eight Brocades«
– Aufmerksamkeit in ästhetischer Bewegung

Durch Verstehen der Vergänglichkeit würden wir die Bedeutung dieses Augenblicks ganz erkennen. Wenn wir wirklich verständen, daß der nächste Augenblick und die Zukunft für uns keine Realität sind, außer in unseren Gedanken, würden wir diesen Augenblick voll schätzen und erleben. Morgen, nächstes Jahr können wir schon nicht mehr sein. Alles, was wir haben, ist die Realität, die Wirklichkeit dieses Augenblicks.

Christina Feldmann

Man sagt, die Brokaten hätten ihren Namen daher bekommen, weil sie in China auf Brokatstoff überliefert worden wären. In einer anderen Version wird der Brokatstoff als Symbol der Schönheit interpretiert, und in der Tat: Die acht Brokaten sind sehr ästhetische Bewegungen. Es handelt sich hierbei um einen traditionellen chinesischen Übungssatz, der den Körper sowohl für den Energiefluß öffnet, als auch über den ständigen Wechsel von Spannung und Entspannung auf eine sanfte Art trainiert. Es gibt verschiedene Variationen der »Eight Brocades«; hier soll diejenige Variante veranschaulicht werden, die meiner Erfahrung nach dem Körperbau des westlichen Menschen am ehesten zusagt: Acht langsam und fließend durchzuführende Bewegungsfolgen, die nicht im Lotussitz, sondern aus der Tai-Chi-Grundstellung heraus durchgeführt werden. Hierbei variiert allerdings die Standbreite (Stellung »Bär«, »Pferd« und »Adler«).

Die Bewegungsfolgen sind genau vorgeschrieben, da jeder Bewegung ein spezifischer Gesundheitswert zugeschrieben wird. Von den Brokaten wird gesagt, daß sie u. a. den Blutkreislauf aktivieren, die Muskelkraft und -ausdauer trainieren, die allgemeine Nervosität vermindern, den Atem- und Energiefluß verbessern helfen. Des weiteren werde eine gesunde Körperhaltung und die Dehnungsfähigkeit des Körpers gefördert.

Die Reihenfolge der Brokaten ist ebenfalls nicht beliebig – obwohl es auch hier verschiedene Traditionen gibt –, sondern prinzipiengeleitet. Eine Übung bereitet auf die andere vor, und Belastungen einzelner Körperteile wechseln sich im Verlauf der

Brokaten ab. Die Atmung während der Übungen erfolgt regelmäßig und ist an die einzelnen Bewegungsfolgen angepaßt.

Die »Eight Brocades« beherbergen Prinzipien des Tai Chi und stellen eine Übungsfolge aus dem Umfeld des Tai Chi dar. Sie sind einerseits als eine eigenständige Übungsauswahl aufzufassen, können aber auch zur Vorbereitung auf das eigentliche Tai Chi in ihrer Funktion als »body-opener« angewandt werden.

Bereits die Grundstellungen, aus denen die Brokaten beginnen, sind dem Tai Chi sehr verwandt. Die Prinzipien Yin und Yang finden sich hier wieder: Der Körper fühlt sich tief im Boden verwurzelt und sinkt nach unten in die auch für das Tai Chi typische Einviertel-Sitzhaltung. Gleichzeitig gibt der Übende seinen Bezug zum Himmel über einen gerade nach oben gestreckten Oberkörper zum Ausdruck.

Erst wenn die Zentrierung hin auf den Tan Tien erfolgt ist, innere Ruhe eingetreten ist, beginnen die Übungen. Wir möchten den Ablauf der Übungen mit jenen Worten im Originalton verdeutlichen, wie wir sie oftmals selbst gehört haben und auch anderen in Gruppen weitergegeben haben. Fotos helfen wieder, die Worte zu illustrieren.

»Stell dich in eine schulterbreite Grundstellung. Achte dabei darauf, daß deine Füße parallel zueinander stehen und die Knie leicht nach außen geöffnet sind. Nimm eine Körperhaltung wie beim Tai Chi ein. Schließe deine Augen und wende deine Aufmerksamkeit nach innen. Spüre deinen Atem, spüre dein Herz, entspanne dich im Bauchraum.

Schau noch einmal in deinem Bauchraum nach, und wenn du noch Verspannungen spürst: Laß sie los, laß völlig los ...

Schau zuerst meiner Bewegung zu, präg dir die Bewegungsabfolge ein und laß sie uns dann gemeinsam durchführen. Schließe noch einmal die Augen und zentriere dich, versuche völlig zur Ruhe zu kommen. Gedanken haben keine Chance. Sie prallen von dir ab und federn wieder weg, wie ein Springer, der in ein Trampolin springt, vom Sprungtuch elastisch zurückgefedert wird. Laß deine Gedanken kommen und gehen und halte sie nicht fest ... Atme sanft und entspannt in den Bauchraum hinein ...

Öffne langsam wieder die Augen. Wir wollen mit der ersten Brokate beginnen. Schaut bitte erst zu.

Ich atme ein. Hierbei steigen die Arme langsam seitwärts hoch, bis sich die Hände über dem Kopf treffen und ineinander gefaltet werden. Ich lasse die Schultern noch einmal locker und drehe dabei die ineinander verschränkten Hände langsam mit den Handtellern nach oben. Hierbei atme ich aus. Mit dem Einatmen strecke ich die Arme und drücke dabei die soeben gedrehten und gefalteten Hände nach oben – »den Himmel mit den Händen stützen«. Der ganze Körper streckt sich hierbei bis hin zum Fußspitzenstand.

Ich lasse die Arme wieder seitwärts mit dem Ausatmen herunter, wobei die Hände etwas nach oben abgewinkelt sind. Hierbei sinke ich wieder langsam in die Grundstellung. Von dort aus beginnt die Bewegung ohne Pause wieder von neuem. Es gibt keine End- und keine Anfangsstellungen, in denen die Bewegung gestoppt wird. Aus Entspannung erwächst Anspannung, aus der Höhe die Tiefe, aus dem Einatmen das Ausatmen, in Yin ist Yang bereits enthalten, alles ist im Fluß.

Laßt uns jetzt diese Bewegung und diese Erfahrung gemeinsam erleben ... Beendet langsam eure Bewegung und sinkt zurück in die Ausgangsstellung. Schließt die Augen und fühlt in euch nach, wie es euch geht. Schaut von innen nach, ob euer Bauchraum entspannt ist, und wenn nicht: Dann laßt los und entspannt euch ... Öffnet ganz langsam die Augen, laßt jeden Lichtstrahl einzeln zu euch herein ... Ich zeige euch jetzt die zweite Übungsfolge, schaut bitte erst zu. Ich gehe in eine breitere Grundstellung und setze mich hinein, als wenn ich auf einem Pferderücken säße. Ich lasse die Füße parallel zueinander, öffne etwas die Knie nach außen, kippe das Becken nach vorn, so daß der Hintern eine gerade Verlängerung des aufrechten Oberkörpers ist. Ich strecke den Nacken und halte den Blick auf Augenhöhe. Die schulterbreite Stellung ist die Haltung des »Bären«, diese weite Stellung heißt »Pferd«, ihr sitzt darin wie auf einem Pferderücken.

Nun lasse ich die Hände nach oben treiben und kreuze sie vor der Brust, so daß die linke Hand vor der Brust ist. Mit dem Einatmen treibt die linke Hand nach links, mein Kopf wendet sich nach links und beobachtet die Hand, die den Bogen hält. Die rechte Hand spannt die Sehne. Diese Bewegung symbolisiert den Bogenschützen, der den Adler schießen will. Während des Spannens der Sehne bleiben die Schultern unten, ich ziehe sie nicht hoch. Der Daumen und der Zeigefinger der linken Hand (der Bogenhand) bilden ein »V«, durch das ich angespannt hindurchsehe. Durch die kurze Anspannung des »V« spannt sich mein gesamter Schultergürtelbereich an. Doch der Moment der Anspannung ist schon wieder der Moment der Entspannung. Ich lasse wieder locker, meine Arme treiben wieder zur Mitte zurück, und ich atme aus. Diesmal ist die rechte Hand vor der Brust, und die linke zeigt nach außen. Wir entspannen uns, lassen den Bauchraum endgültig los, falls er sich verspannt hat; gleichzeitig beginnt nun die neue Bewegung – diesmal aber nach rechts ...

Wir verlassen die Pferdereiterstellung des Bogenschützen und nehmen die schulterbreite Grundstellung ein. Macht auch dies ganz langsam und aufmerksam. Auch das Wechseln der Stellung kann einen eigenen Wert haben.

Schließe die Augen und zentriere dich. Spüre in deinem Körper nach, was die Übung in dir bewirkt hat ...

Öffne langsam die Augenlider.

Ich zeige euch jetzt die dritte Brokate.

Die Hände treiben bis auf die Höhe des Solarplexus und trennen sich dann. Die Hand hebt sich mit dem Einatmen bis über den Kopf und ist mit der Handfläche nach oben gewendet und zeigt

Den Adler schießen

mit den Fingerspitzen seitwärts über den Kopf. Gleichzeitig treibt die rechte Hand nach unten bis zum Oberschenkel, wobei der Handrücken nach oben zeigt und die Fingerspitzen nach vorn weisen. Ihr spannt dabei kurz die Hände an. Doch auch hier gibt es keine Zwischenstellungen, sondern die Extremhaltung ist bereits der Beginn der Umkehrbewegung. Die Hände kommen mit dem Ausatmen wieder auf Solarplexushöhe zusammen, und diesmal wird die rechte Hand nach oben und die linke Hand nach unten geführt ...

Laßt uns jetzt die Übung gemeinsam durchführen ...

Ihr beherrscht jetzt alle in einem genügenden Maße die Technik dieser dritten Brokate. Konzentriert euch jetzt nicht mehr auf die technische Ausführung, sondern stellt den Blick auf unscharf und beobachtet wie aus der Ferne eure Hände, die vor euch langsam und ohne Anstrengung hoch und runter treiben. Ihr könnt dabei das Gefühl bekommen, als ob sie sich ohne euer direktes Zutun auf und ab bewegen. Ihr müßt dabei nichts leisten und seid einfach da und seht euren Händen zu, ohne sie zu fixieren ...

Kommt langsam zurück in die Ausgangsstellung und zentriert euch auf euren Tan Tien hin. Fühlt besonders in euren Händen nach, was die Übung bewirkt hat ...«

So oder ähnlich können die Brokaten von einem Gruppenleiter eingeführt werden. Die weiteren fünf Brokaten sollen nun in ihrem Bewegungsablauf lediglich skizziert werden. Die Prinzipien, nach denen sich die weiteren Bewegungsfolgen richten, bleiben hierbei unverändert.

Die vierte Brokate:
Die nach oben geöffneten Hände treiben hoch bis knapp unter Schulterhöhe. Während sie nun mit der Handfläche nach unten hinunterdrücken, wird der Kopf nach hinten gewendet, so daß ein Blick hinter sich möglich ist. Anschließend wenden die Hände und treiben wieder nach oben. Parallel hierzu wird der Kopf wieder nach vorn gedreht. Nun beginnt die gleiche Bewegung erneut – nur daß diesmal nach rechts hinter den Rücken geschaut wird. Beim Wenden des Kopfes nach hinten atmest du aus (!) beim Zurückdrehen atmest du ein. Bitte wende den Kopf nur so weit nach hinten, wie es angenehm ist, auf keinen Fall überdehnen.

Die fünfte Brokate:
Diese Übung wird aus der breiten Grundstellung heraus geführt. Die Hände werden auf die Oberschenkel gestützt. Kopf und Oberkörper werden nach vorn gebeugt und gleichzeitig nach links ausgedreht (Einatmen). Zur gleichen Zeit wird das Becken nach rechts hinten gekippt, wobei die Bewegung durch die Streckung des linken Beins und der Hüfte unterstützt werden kann. Der Körper kehrt mit dem Ausatmen in seine Ausgangsstellung zurück, und der Kopf und der Oberkörper neigen sich nach rechts vorn und zur Seite …

Die sechste Brokate:
Diese Übung wird aus der schulterbreiten Grundstellung heraus durchgeführt. Die Arme treiben parallel zueinander hoch bis auf Herzhöhe, und die Hände werden auf dieser Höhe kurz angespannt (Einatmen). Mit der Entspannung der Hände beugt sich der Oberkörper nach unten (Ausatmen), bis die Hände unter die Fußspitzen fassen können. Die Finger ziehen kurz die Fußspitzen nach oben, wobei die Beine möglichst durchgestreckt werden (Einatmen). Mit dem Ausatmen sinkt der Körper entspannt in sich zusammen. Mit dem Einatmen strecken sich die Beine, und

der Oberkörper treibt langsam nach oben. Die Hände werden zur Hüfte genommen (Ausatmen), und der Körper streckt sich nach oben und geht hierbei etwas ins Hohlkreuz (Einatmen). Der Körper kommt mit dem Ausatmen in die Grundstellung zurück, und die Bewegungsfolge beginnt von neuem.

Die siebte Brokate:
Ausgangsposition ist die weite Grundstellung (»Pferd«).

Die Hände werden zu Fäusten geballt zur Hüfte geführt, so daß die Fingerknöchel nach oben und der Faustrücken nach unten zeigen. Die rechte Faust wird mit dem nach oben gedrehten Faustrücken zur rechten Seite bis auf Schulterhöhe hochgeführt, bis der Arm durchgestreckt ist (Einatmen). Der Kopf wird zur erhobenen Faust gedreht, und der Blick geht konzentriert über den Handrücken hinweg. Die Faust und der Arm werden kurz angespannt, und sofort erfolgt die Entspannung der Muskulatur, wobei die Faust mit dem Ausatmen wieder zur Hüfte zurücktreibt. Die gleiche Bewegung setzt sich nach links fort.

Die achte Brokate:
Die Übungsfolge beginnt aus der Stellung »Adler« heraus. Hierbei stehen die Füße in einem Abstand von ca. 10 cm parallel zueinander. Dies ist die engste Ausgangsstellung der Brokaten.

Die Hände werden hinter dem Rücken ineinandergelegt, wobei die Handinnenflächen nach unten zeigen. Der Körper streckt sich langsam zum Zehenspitzenstand (Einatmen). Gleichzeitig strekken sich die hinter dem Rücken bislang gebeugten Arme, und die Hände werden nach unten gedrückt. Mit dem Ausatmen sinkt der Körper langsam in seine Ausgangsposition zurück. Hiernach beginnt die Streckung des Körpers von neuem.

Das Gesäß schwenken und das Herzfeuer beseitigen

Nun noch einige Hinweise:
Es ist wünschenswert, diese Übungen in der Natur, in frischer Luft durchzuführen. Die »Eight Brocades« lassen sich in diesem Sinne wunderbar mit einem ohne Streß durchgeführten Dauerlauf kombinieren, der den Übenden auf eine wohltuende Weise aus der Stadt heraus in die Natur bzw. in einen Park trägt.

Dort können die einzelnen Bewegungsfolgen jeweils mehrmals wiederholt werden, bis dem Übenden die gewünschte kurzfristige erholende und öffnende Wirkung ausreichend spürbar wird.

Wichtig ist, daß die Brokaten – wie alle derartigen Versuche – regelmäßig, d. h. mehrmals die Woche, am besten täglich – durchgeführt werden. Nur in diesem Fall wird sich nach einiger Zeit die erhoffte langfristige Gesundheitswirkung für den Körper einstellen.

Auch hier ist ein Alltagsrhythmus zu finden, der zumindest einmal am Tag ein halbe Stunde Zeit für sich selbst übrig läßt. Dein Körper wird es dir danken.

Büchertip

Da Liu: Tao der Gesundheit und Lebensfreude. Frankfurt/M. 1982.
Fellow, S. M.: The Eighteen Ways of Chinese Gymnastic Exercises. (Medicine & Health Publishing Co.) Hong Kong 1979.
Maier, Herbert: Pa Tuan Chin. Kassel 1985.
Moegling, Barbara und Klaus: Tai Chi als sanfte Körpererfahrung. Niedernhausen. 1987.
Pálos, Stephan: Atem und Meditation. Bern und München 1980.
Shonaike, Rupert/Klaus Moegling: Tai Chi mit Oberstufenschülern. In: Sportunterricht, 32. Jg. (1983), H. 9 (Lehrhilfen), 129-135.
In allen diesen Literaturangaben finden sich zwar unterschiedliche Brokat-Techniken, dennoch basieren die verschiedenen Formen auf denselben Wirkungsprinzipien, wie sie hier beschrieben wurden.

»Fünf Räder«
– meditatives Schwanken und Kreisen

Es ist gut, manchmal die Augen zu schließen, um besser zu sehen, manchmal die Stille aufzusuchen, um besser zu hören, manchmal die Leere zu ertragen, um vielleicht einen Zipfel des Mantels zu ertasten, der uns schützt, um ein wenig zu begreifen.

Evamaria, 16 Jahre

Die Bewegungsfolge der »Fünf Räder« ist – ähnlich der »Harmonie« – auf der Lehre von den fünf Elementen aufgebaut. So weisen beide Bewegungsfolgen strukturverwandte Bewegungen auf. Dennoch haben die »Fünf Räder« besonders zwei charakteristische Eigenschaften:

1. Alle Bewegungen erfolgen aus der tiefen »Bogenstellung« heraus, und der Körper schwankt ständig und ohne Brüche vor und zurück. Hierbei wird die Scheitelhöhe nicht verändert. Der Körper bewegt sich wie auf einer Schiene vor und zurück. Die Bewegungen der Arme sind diesem Schwanken angepaßt: Wenn ich mich nach vorn bewege, gebe ich etwas von mir weg; wenn ich mich zurückziehe, nehme ich etwas zu mir.

2. Alle fünf Bewegungen sind kreisförmig. Entweder bilden sie einen in sich geschlossenen Kreis oder sind zumindest Bestandteil eines Kreisabschnitts. Die Hände zeichnen hierbei sich zeitlupenhaft drehende Räder.

Die Bewegung des Wassers:
Ich stehe in einer tiefen Schrittstellung, als wenn ich einen Bogen abschießen wollte. Bei dieser »Bogenstellung« steht der hintere Fuß in einem Winkel von ca. 45 Grad nach außen, während der vordere Fuß nach vorn zeigt. Beide Füße stehen nicht hintereinander, sondern seitlich versetzt. Der Oberkörper bleibt möglichst aufgerichtet. Die Schultern werden entspannt herabgelassen. Ich

beginne, meinen Schwerpunkt nach vorn und hinten im ständigen Wechsel zu verlagern. Ich schwanke hierbei jeweils nur bis zu dem Punkt nach vorn und zurück, der mir noch Stabilität gewährleisten kann. Es ist für mich gut, erst einige Zeit langsam vor und zurück zu pendeln, bevor ich mit der eigentlichen Bewegungsfolge beginne. Ich versuche hierbei, die Bewegung nicht über meine Schultern oder meinen Kopf zu lenken, sondern das Schwanken wird aus meinem Zentrum heraus initiiert. Die Impulse kommen aus dem Tan Tien, dem hierbei meine Aufmerksamkeit und mein Atem gilt.

Erst wenn ich meinen Rhythmus gefunden habe, meine Gedanken und meine Bewegung zur Ruhe gekommen sind, ich voll in dem Schwanken aufgehe, beginne ich – so oft wie ich es brauche – die Bewegung des Wassers. Ich führe die locker herunterhängenden Arme mit einem minimalen Kraftaufwand nach vorn, so daß die Hände vor der Brust fast zusammentreffen. Hierbei drehen die Hände sich so, daß die Handrücken nach vorn zeigen. Doch noch bevor die Hände zusammentreffen können, beginnt schon wieder die Wendebewegung. Aus Yang entsteht Yin. Ich führe die Hände wieder in einem Bogen zurück. Während sie seitlich an mir vorbeitreiben, drehen sie sich und zeigen am hinteren Umkehrpunkt geöffnet und empfangend mit den Handinnenflächen nach vorn. Nun beginnt wieder die Umkehrbewegung der Arme, und die Hände drehen weiter. Aus Yin entsteht Yang.

Wenn ich die Hände nach vorn führe, stelle ich mir einen leichten Widerstand vor – als ob ich meine Finger durch fließendes Wasser ziehe. Dies intensiviert diese Bewegung ungemein. Schon nach wenigen Bewegungen kann ich oftmals ein warmes Prickeln in den Händen spüren.

Bei der Bewegung des Wassers ist die Vorwärtsbewegung der Arme und Hände mit dem Vorwärtsschwanken verbunden, d. h. mit der Schwerpunktverlagerung auf das vordere Bein. Die Rückführung der Arme und Hände verläuft parallel mit der Schwer-

Das »Tigermaul« der Hände

punktverlagerung auf das hintere Bein. Die Bewegungsfolge wird – wie alle Übungen aus dem Umfeld des Tai Chi – sehr langsam und aufmerksam durchgeführt. Ich versuche mir hierbei vorzustellen, daß meine Bewegung einem zeitlupenhaften Schweben vergleichbar sein sollte. Auch die Vorstellung eines träge dahinfließenden Stroms kann die Bewegung des Wassers erfassen und in die Bewegung einbringen helfen.

Die Bewegung des Holzes:
Im Zurückweichen nehme ich aus der Wasserbewegung heraus die Hände ganz nahe an mein Bauchzentrum. Sie bilden hierbei das sogenannte »Tigermaul« – eine Grundstellung der Hände, die oftmals in derartigen Bewegungsfolgen anzutreffen ist. Die Handrücken zeigen zum Beginn der Bewegung des Elementes Holz nach außen, und die Zeigefinger und die Daumen bilden ein Dreieck. Die anderen Finger sind parallel zu den Zeigefingern. Aus dem »Tigermaul« heraus beginnt die Bewegung des Holzes. Hierbei werden die Hände so gedreht, daß die kleinen Finger aneinander liegen und die Handteller nach oben zeigen. Nun führe ich die beiden aneinandergelegten Hände langsam, aber mit der Vorstellung von Kraft und Wucht nach vorn, hoch bis auf die Schulterhöhe. Die Bewegung des Holzes birgt die Kraft in sich, die ein Sämling hat, der in der Lage ist, eine Teerdecke zu sprengen. Diese Bewegung symbolisiert das Hochwachsen des Holzes. Doch aus dem Wachsen erfolgt auch der Verfall. Auch das härteste Holz wird irgendwann morsch und weich. Die Bewegung des emporwachsenden Holzes verwandelt sich von einer harten Bewegung in eine weiche und entspannte Rückwärtsbewegung der Hände. Auf Schulterhöhe entspannen sich die Hände, teilen sich gleichzeitig und werden kreisförmig zum Bauchzentrum in die Stellung des »Tigermauls« zurückgeführt, aus der mit dem Vorwärtsschwanken die neue Bewegung beginnt.

Die Bewegung des Feuers:
Im Anschluß an die Rückwärtsbewegung bilde ich nun das »Tigermaul« nicht vor meinem Tan Tien, sondern vor meinem Herzzentrum. Auch hier zeigen zunächst die Handrücken nach vorn. Doch mit dem Nachvornschwanken dreht sich das »Tigermaul«, so daß die Handinnenflächen nach vorn zeigen und in einer Bewegung des Gebens vorwärts geführt werden. Bevor aber die Arme die Streckung erreichen, werden die noch rund gebeugten Arme jeweils in einer Kreisbewegung zur Seite und zurück zum Herzzentrum geführt.

Die Herzenergie symbolisiert u. a. das Gefühl der Liebe. Ich stelle mir in dieser sehr sanften Bewegung vor, daß ich von meiner Liebesenergie den anderen gebe und von ihrer Energie etwas wiederbekomme. Wenn ich die Hände vorwärtsführe, kann ich nach einiger Zeit die aus meinen Händen herauskommende Wärme spüren, die sich im Rückwärtsschwanken wieder in meine Handinnenflächen zurückzieht. Dies kann ein wunderbares Gefühl energetischen Nehmens und Gebens darstellen, in das ich mich hineinversetze, in dem ich aufgehe.

Die Bewegung der Erde:
Aus der nach vorn drängenden Bewegung des Feuers kehre ich zum »Haus der Erde« zurück – in den Solarplexusbereich. Meine Hände teilen sich vor meinem Körper und kehren nicht zur Herzgegend zurück, sondern treiben nach unten, um wieder nach oben bis auf die Höhe des Solarplexusbereichs geführt zu werden (Beinwechsel). Mit der Aufwärtsbewegung werden hierbei die Hände in die Überkreuzung geführt, wobei die Handinnenflächen nach oben zeigen. Doch ohne Pause verändern sich die Hände zur Stellung des »Tigermauls«, das – mit den Handinnenflächen nach vorn gewendet – vorwärts drängt. Auch hier teilen sich die Hände vor dem Körper wieder, bevor die Streckung der Arme erreicht ist. Sie sinken im Bogen seitwärts herab, um in der

beginnenden Überkreuzung wieder hochgeführt zu werden. Die Bewegung beginnt von neuem.

Die Erdebewegung symbolisiert das Einsammeln und das Austeilen der Früchte der Erde. Wenn ich mir sehr aufmerksam vorstelle, daß meine Hände Ähren einsammeln und wieder austeilen, so spüre ich nach einiger Zeit eine intensive Wärmebildung in meinen Handinnenflächen – eine Wärmebildung, die mir im ganzen Körper wohltut.

Die Bewegung des Metalls:
Aus der Vorwärtsbewegung des »Tigermauls« beginnt die Metallbewegung. Die Arme und Hände werden diesmal auf einer Höhe gelassen (Schulterhöhe), teilen sich nicht, sondern beschreiben einen Kreis zu der Seite des nach hinten gestellten Beines. Hierbei ist das angedeutete »Tigermaul« ständig am Drehen, so daß die Handinnenflächen bei der Rückkehr der Hände zum Körper zeigen und anschließend in der Vorwärtsbewegung wieder nach vorn ausgedreht werden. Auch diese Bewegung provoziert oftmals einen Energiestrom, dessen für mich wahrnehmbare Wärmebildung sich bis zu meinen Ellbogen hochziehen kann.

Man kann die einzelnen Formen der »Fünf Räder« vielmals wiederholend üben oder jeweils hintereinander in ihrer Reihenfolge durchführen. Beides hat seine eigene meditative Erlebnisqualität und seine Berechtigung.

Ich bevorzuge gegenwärtig noch die oftmalige Wiederholung eines Elementes, um mich richtig in die Eigenart dieser Bewegung einfühlen zu können, und ich merke: Die einzelnen Bewegungsfolgen werden immer intensiver, oder anders ausgedrückt: Meine innere Aufmerksamkeit erhöht sich von Mal zu Mal und schafft neue Erlebnismöglichkeiten.

Ob ich nun die »Harmonie«, die »Eight Brocades« oder die »Fünf Räder« meditativ erlebe, danach fühle ich mich in der Regel

Das Austeilen der Erdenfrucht

sehr ähnlich: Ich ruhe tief in mir, bin sehr entspannt und zufrieden. Ich fühle mich erholt und den kommenden Anforderungen gewachsen.

Leider ist mir zu dieser Bewegungsfolge keine weitere Literatur bekannt, die über das hinausgeht, was schon zur »Harmonie« an Literaturhinweisen nur ungenügend geboten wurde. Möglicherweise sind die »Harmonie« und die »Fünf Räder« hier erstmals in dieser Form festgehalten worden.

Das Element Wasser

Übergang zum Element »Holz« durch das »Tigermaul« der Hände

Das Element Holz – die Yang-Phase

Die Yin-Phase der Holzbewegung

Das Element Feuer – vom Herzen

Die bereits gedrehten Hände der »Erde«-Bewegung

Die Yang-Phase des Elements Erde

Die Yin-Phase des Elements Metall

Die Yang-Phase des Elements Metall – von hier aus wieder Übergang zur »Wasser«-Bewegung

Laufen und Meditation – energetische Experimente mit dem Körper

Es gibt keinen Maßstab
und keine Siege,
nur die Freude des Lebens
im Tanz deines Laufs.

Fred Rohé

Über einen Wettkampf zwischen einem Pferd und einem Menschen:

»Zum ersten Mal in Führung, aber ohne rechte Vorstellung davon, warum Levy angehalten hatte, war Peter Thurnleigh auf dem absoluten Höhepunkt seines Martyriums. Dennoch lief er. Er stob den Berg hinunter zum Stadion wie durch eine Lärmschlucht; seine Augen hingen glasig am Boden, einzig fähig, ihn vor Steinen und Felsbrocken zu warnen... Als er ins Stadion kurvte, hatte Thurnleigh noch drei Viertel der Runde zu rennen. Die Kraft in seinen Beinen war dahin, die Atmung zusammengebrochen. Er spürte, daß ›Silver Star‹ näherkam.

Noch zweihundert Yards.

Thurnleigh mobilisierte die letzten Reserven und schleuderte den Körper in einen atemberaubenden Sprint hinein. Die Knie gebeugt und weich, die Arme starr wie Dreschflegel schwingend, hetzte er in die Zielgerade, stürzte sich die Bahn entlang und vergaß die Hufe hinter sich. Das Zielband schien vor ihm zurückzuweichen, doch Thurnleigh lief ihm hinterher.

Kopfüber schnappte er das Zielband mit den Zähnen und zerschnitt sich die Lippen; dann fiel er zu Boden und die Asche spritzte vor ihm auf...«

(aus: Tom McNab: »Das Rennen«)

Das obige Beispiel veranschaulicht in extremer Form eine Art und Weise des Laufens, dessen Gegenteil hier vorgestellt werden soll: Laufen ohne Konkurrenz- und Leistungsdruck, Laufen ohne die Schädigung des eigenen Körpers und ohne Streß. Laufen erhält eine meditative Qualität, wenn ich hierbei meinen Körper bewußt wahrnehme und in einen sensiblen Bezug zur Umgebung, zur Natur setze, die ich im Laufen erlebe. Dies kann durch meditative Übungen in den Ruhepausen unterstützt und intensiviert werden. So gesehen muß Laufen nicht zwangsläufig zunächst zum Energieverlust, zum Ausgepumptsein, zum Fertigsein führen, sondern stellt in dieser Form einen ständigen Energieaufbau bereits während des Laufes dar. Wir belasten unseren Körper während des Laufens nur in einer sanften Weise, sobald wir uns unwohl fühlen, laufen wir langsamer, gehen oder zentrieren uns im Stehen. Auf diese Weise spielen wir mit unserer Energie, ohne uns zu überfordern, setzen dennoch energetisch stimulierende Reize – wenn auch nicht aus der Sicht derjenigen Trainingswissenschaft, die an persönlichen Höchstleistungen interessiert ist.

Der Atem und die innere Energie des Menschen sind untrennbar miteinander verbunden. So weist bereits der Ausdruck »außer Atem sein« auf einen Zustand der Erschöpfung hin. Auch die begriffliche Doppeldeutigkeit der chinesischen Bezeichnung »Chi« ist ein Ausdruck für diesen Zusammenhang. Chi meint sowohl die im Körper zirkulierende, die Meridiane durchströmende allgemeine Energie als auch die Aus- und Einatmung. Laufen – im hier gemeinten Sinne – nimmt positiven Einfluß auf das Chi in beiden, miteinander untrennbar verknüpften Aspekten des Chi. Über die Laufbewegung trainiere ich auf eine schonende Weise mein Herzkreislaufsystem, ohne mich zu stressen und zu verspannen. Im Gegenteil: Ein derartiges Laufen verbindet sich mit weiteren Übungen der Zentrierung zu einer Öffnung des Körpers, die den freien Fluß der Energie, das ungestörte Wechselspiel von Yin und Yang herstellen kann.

Früher habe ich Laufen ausschließlich als Mittel zum Zweck erlebt. Auch jetzt bin ich noch froh darüber, daß meine Gesundheit sich durch das Laufen stabilisieren läßt. Dennoch hat für mich jetzt der Erlebniswert der eigentlichen Aktivität einen viel höheren Stellenwert. Einfach laufen, laufend da sein ...

Ich wache auf.

Sonntag morgen 7.40 Uhr.

Ich ziehe die Gardinen zurück und öffne das Fenster.

Durch den Dunst des Morgennebels schimmern Teile des dahinterliegenden blauen Himmels und eine weißlich-gelbe Sonne hindurch. Es dürften ungefähr 20 Grad sein, und ein derartig morgendlicher Eindruck kündigt einen warmen Vormittag an. Dementsprechend kleide ich mich. Die dem Wetter angemessene Kleidung ist beim Laufen sehr wichtig.

Ich esse und trinke nur Weniges, leicht Verdauliches.

Ich trete aus dem Haus und gehe erst eine kurze Strecke, bevor ich in einen leichten Trab verfalle. Ich laufe aus der Stadt hinaus in Richtung des Waldes. Kein Mensch ist zu sehen, die Stadt schläft. – Noch laufe ich auf dem Bürgersteig.

Langsam intensiviert sich mein Atem, der Herzschlag wird etwas schneller. Ich laufe mit entspannten Schultern, fast geradem Oberkörper und lockerem Bauchraum. Ich atme in den Bauch hinein und laufe aus dem Bauch heraus, indem ich mich hierbei auf meinen Tan Tien hin zentriere.

Ich überquere eine letzte Straße und laufe in einen Gartenweg hinein, der aus der Stadt hinaus in die Natur führt. Ich lasse die letzten Häuser hinter mir. Mit eigener Kraft die Stadt hinter sich lassen und ins Grüne laufen – ein gutes Gefühl.

Ich merke, daß die Belastung des Laufens unangenehm hoch wird und gehe den Weg entlang. Auf einer kleinen Anhöhe mache ich meine erste Pause – eine Atemübung (Chi Kung) mit dem Namen »Vier-Richtungen-Atemtechnik«. Ich stehe in der Tai-Chi-

Grundstellung und lasse die Arme hochtreiben, ziehe die Hände zur Brust heran, atme dabei tief in den Bauchraum ein und drücke die Hände nach vorn, als ob ich etwas mit Kraft wegschieben will. Hierbei atme ich zischend die Luft wieder aus, bis die Arme zur Streckung gelangt sind. Der Zischlaut entsteht durch die Luft, die zwischen der hinter dem oberen Gaumen angelegten Zunge und dem Gaumen herausgepreßt wird. In der nächsten Phase werden die Hände wieder mit dem tiefen Einatmen herangezogen und von der Schulter aus jeweils zur Seite gestreckt. Auch hierbei erfolgt die beschriebene zischende Ausatmung. Anschließend werden die Hände wieder zum Körper herangeführt, nach oben gedrückt, herangeführt und zuletzt in die vierte Richtung nach unten gedrückt – begleitet von einer tiefen Bauchatmung und einem zischenden Ausatmen. Ich führe diese Übungsfolge dreimal sehr bewußt und langsam durch, zentriere mich etwas und laufe, gut durchblutet und mit Sauerstoff optimal versorgt, mit neuem Schwung weiter. Der Gartenweg macht einen Knick, und ich verlasse ihn über einen Trampelpfad und laufe über eine langgezogene Wiese an Pferden und Kühen vorbei auf den Wald zu. Nach einigen Minuten bleibe ich auf der Wiese stehen, lasse mich in eine Einviertel-Sitzhaltung sinken, schließe die Augen, zentriere mich und wende meine Aufmerksamkeit meinem angeregt schlagenden Herzen und dem intensivierten Atem zu. Ich versuche erst, das Herz zu spüren, dann den Atem und hiernach beides gleichzeitig. Mit der steten Beruhigung meiner Organe nehme ich auch langsam die Geräusche meiner Umwelt in meine Aufmerksamkeit auf: Das Rufen einer Krähe, das entfernte Schlagen von einem Tennisfeld, das Summen von Bienen, das Läuten der Kirchenglocken und das Krähen eines Hahns. Ich springe von Geräusch zu Geräusch, höre gleichzeitig meinen Atem und mein Herz in mir wirken. Eine vielfältige Erfahrung mit meditativer Qualität. – Langsam öffne ich die Augen, und die Sonnenstrahlen dringen durch die Augenlider hindurch. Ich genieße diesen Zu-

stand noch eine ganze Weile, ehe ich mich langsam wieder in Bewegung setze. Ich laufe weiter und achte darauf, daß ich nicht auf der unebenen Wiese mit dem Fuß umknicke. Meine Bänder am Fußgelenk sind bereits wesentlich stabiler geworden, seitdem sie nicht mehr den ruckhaften Belastungen des Handballspiels ausgesetzt sind. Sie halten nun auch Unebenheiten des Bodens aus.

Ich verlasse die Wiese und laufe auf einen Weg, der den Blick zum Wald freigibt. Obwohl ich noch weiterlaufen könnte, beginne ich zu gehen, um den Panoramablick zu genießen.

Ich verfalle erst nach einiger Zeit wieder in den beschriebenen leichten Trab und atme sanft durch Mund und Nase, drücke hierbei jedesmal die gesamte Luft regelmäßig aus meinen Lungen heraus. Ab und zu kann ich etwas Schleim ausspucken, der sich aus den Nasennebenhöhlen durch das Laufen gelockert hat.

Ich laufe auf einen bestimmten Platz zu, den ich bereits mehrfach aufgesucht habe. Ich ersteige eine Höhe und befinde mich am Waldrand mit einem Blick über den gesamten Talkessel, in dem unsere Stadt liegt. Ich drehe mich so, daß ich das gesamte Panorama überblicken kann, genieße es eine Zeitlang und lasse mich in die Einviertel-Sitzhaltung sinken, lasse die Arme und Hände bis auf Schulterhöhe hochtreiben. Auch dies ist eine Chi-Kung-Stellung, im Rahmen derer Energie zum Fließen gebracht werden kann.

Ich zentriere mich auf meinen Bauchraum und entspanne die letzten noch verspannten Bauchmuskelschichten. Ich schließe die Augen und hebe meinen Kopf an, so daß ich mit geschlossenen Augen direkt in die Sonne sehe. Ich schaue durch einen blutroten Film, in dem sich unzählbare, winzige kleine Pünktchen umherschwirrend bewegen. Es ist ein wogendes Meer von Sonne und Blut, das ich in entspannter Stellung lange Zeit genieße. Wie lange? Schwer zu sagen. Das Gefühl für die Zeit kommt in solchen Situationen abhanden. Die Zeit spielt hierbei auch keine Rolle. Es gibt nichts zu messen ...

Die Luft mit einem Zischlaut herauspressen

Ich lasse den Kopf langsam in eine gerade Stellung zurücksinken, öffne vorsichtig die Augen und sehe das herrliche Bild vor mir. Eine Stadt im sonntagmorgendlichen Schlaf, Kirchtürme, dann (leider) einige Industrieschornsteine, dahinter die Umrisse der gegenüberliegenden Berge. Ich spiele etwas mit dem Licht. Ich verstelle die Blickintensität: Mal wird das Bild schärfer, mal wird es wieder unklarer. Mal fixiere ich einen bestimmten Punkt, um hiernach wieder loszulassen und alles zu sehen. Es ist ein Spiel mit dem Medium Auge, das die Umwelt unterschiedlich visualisiert.

Langsam lasse ich die Arme und Hände nach unten sinken und spüre gleichzeitig einen intensiven Energiestrom in meinen Händen und Unterarmen in Form eines lebhaften Prickelns und einer begleitenden Wärmebildung.

Ich löse mich vorsichtig aus dieser Stellung, ziehe meine Schuhe und Strümpfe aus, lege sie beiseite und gehe barfuß im Kreis über die Wiese – eine natürliche Form der Reflexzonenmassage. Zunächst achte ich sehr auf den Boden, ob nicht Scherben oder Disteln vorhanden sind. Doch nach einiger Zeit kann ich mich ganz auf das Aufsetzen, Abrollen und Abheben meiner Füße, auf das leichte »Pieksen« des Grases und die vom Wind umspielte Nässe des Taus an meinen Füßen konzentrieren. Ich gehe sehr, sehr langsam, langsamer als im Zeitlupentempo, um alles sehr genau und bewußt erleben zu können.

Ich merke, wie sich meine Füße bei dieser natürlichen Massage wohlfühlen – ein Wohlgefühl, das sich beim Tautreten auf den ganzen Körper überträgt.

Ich ziehe meine Strümpfe und Schuhe wieder an und laufe weiter. Ich habe Lust, den Hang hinunter zu »tollen«. Ich springe und hüpfe den Hang hinunter, laufe eine ganze Strecke an langgezogenen Wiesen entlang, bis ich an eine schön gelegene Holzbank komme. Ich lasse mich im Schneidersitz darauf nieder. Ich sitze mit geradem Oberkörper, entspanntem Bauchraum, geöffneten

Stehen, als wenn du einen Baum umarmst

Augen, atme sanft und doch tief in den Bauch. Ich atme gleichzeitig durch Mund und Nase und presse hierbei leicht die Zunge gegen den Gaumen.

Ich versuche nun wieder die Umwelt und meinen Körper bewußt miteinander zu vereinen, miteinander in Einklang zu bringen, indem ich meine Aufmerksamkeit sowohl den Rufen der Vögel, dem entfernten Bellen eines Hundes, dem Rascheln der Blätter im Baum als auch meinem Atem, den Herzsignalen und Lichtempfindungen gleichzeitig zuwende. Es sammelt sich in regelmäßigen Abständen süßschmeckender Speichel in meinem Mund an, den ich in kleinen Portionen herunterschlucke. Die beschriebene Atemtechnik intensiviert die Speichelsekretion und macht sie mir bewußt.

Nach einer wunderbaren Phase meditativen Verharrens löse ich mich wieder aus dieser Situation. Noch voll erfüllt von dieser Stimmung laufe ich weiter die Wiese hinauf in einen kleinen Wald hinein. Ich kann nun den Humusboden riechen und den Schatten des Waldes kühl spüren. Nicht immer konnte ich derart intensiv riechen. Mein Geruchssinn war bis vor einigen Jahren, u. a. wegen einer Nasennebenhöhlenentzündung, praktisch verkümmert bzw. verschüttet. Parallel zu meinen meditativen Erfahrungen entfaltet sich mein Geruchssinn wieder. Ich kann wieder Gerüche wahrnehmen!

Ich laufe den Waldweg entlang und genieße dies. Der Humusboden ist ein »Segen« für meine vom lange zurückliegenden Handballeistungssport angeschlagenen Knie. Dem Handballsport mußte ein Meniskus geopfert werden, und die anderen Knorpel sind bereits sehr dünn. Auf dem weichen Waldboden kann ich große Sprünge machen, ohne Schmerzen in den Knien zu haben.

Der Wald ist zu Ende. Ich laufe an drei hohen alten Eichen vorbei, über eine Wiese zur Stadt führend entlang, erreiche den Stadtrand und seine ersten Häuser und betrete den Asphalt der Bürgersteige. Ich höre auf zu laufen, gehe den Bürgersteig entlang und lausche noch etwas in mir nach. Ich habe ein zufriedenes, sattes Gefühl. Es ist schön, da zu sein.

Die Stadt erwacht in ihrer ersten Welle: Hundebesitzer führen ihre Hunde aus, erste Spaziergänger sind zu sehen. Ich habe das Gefühl, bereits einen langen reichhaltigen Tag hinter mir zu haben, der noch lange nicht zu Ende ist.

Büchertip

Lies besonders die Seiten 82-85 aus dem Buch von *Dore Jacobs* (»Die menschliche Bewegung«, Kastellaun 1977). Hier wird sehr deutlich, was es bedeutet, im Einklang von Innen und Außen zu laufen: Lernen, die äußere Bewegung (z. B. das Laufen) so zu gestalten, daß die innere Bewegung (z. B. das Atmen, die Blutströmung) gelenkt wird, ohne sie zu unterdrücken.

Fred Rohé: Zen des Laufens. Berlin 1982.
Dies ist wohl das schönste Buch über das Laufen. Es ist ein Erlebnis zu lesen, wie Fred Rohé Laufen und Meditation auf seine Weise miteinander in Einklang bringt. *Bob Anderson* entfaltet ein nachvollziehbares Programm für ein gesundes Laufen ohne Streß (»Stretching«, Waldeck 1982, 167-174) und kombiniert dies mit Formen bewußten Dehnens.

Tai-Chi-Elemente und Sensitivübungen – Yin und Yang zwischen Menschen

Bisweilen saget ihr: »Ich gäbe gerne, doch nur denen, die es verdienen.«
Die Obstbäume eures Gartens reden nicht also, noch die Herden eurer Wiesen. Sie geben, auf daß sie leben dürfen, denn zurückhalten heißt verderben.
Wahrlich, wer würdig ist, seine Tage und Nächte zu empfangen, der ist wohl würdig aller Gaben aus eurer Hand.
Und wer verdient, vom Meere des Lebens zu trinken, der ist auch wert, seine Schale aus eurem Bächlein zu füllen.
Und welches Verdienst wäre größer als der Mut und das Vertrauen und die Barmherzigkeit, die im Empfangen liegt?

Kahlil Gibran

Im Laufe vieler Gruppenabende habe ich herausfinden können, daß bestimmte Sensitivübungen ähnliche energetische Prinzipien beinhalten, wie es das Zusammenspiel von Yin und Yang für den inneren Körper vorsieht. Derartige Sensitivübungen lassen sich ohne Brüche und auf eine harmonische Weise mit Sensitivübungen verbinden, die schon immer Bestandteil des Tai Chi waren oder im Umfeld des Tai Chi angesiedelt sind. Ich möchte hier eine kleine, methodisch aufgebaute Zusammenstellung einer derartigen Übungskombination vorstellen, die im Rahmen eines ungefähr zweistündigen Gruppenabends durchgeführt werden könnte. Geeignete Musik kann hierbei eine sehr wichtige Rolle spielen. Dennoch ist die musikalische Untermalung nicht unumstritten. Besonders eindeutige Rhythmen behindern – auch bei langsameren Musikstücken – die Einfühlung in die Sensitivübung. Des weiteren bleibt auch bei einer geeigneten Hintergrundmusik fraglich, inwieweit die Einfühlung in eine Sensitivübung durch die musikalische Stimulierung oder den selbständigen Sensibilisierungsprozeß des Übenden erfolgt ist. Dennoch kann eine musikalische Untermalung der Übung in manchen Situationen sehr hilfreich sein (bei einem störenden Lärmpegel von außen, als Übergang etc.), so daß hier entsprechende Anregungen auch gegeben werden sollen.

Es ist sinnvoll, zu Beginn der Gruppe nochmals die Prinzipien von Yin und Yang zu erklären und auf die Durchgängigkeit dieser Prinzipien für die nachfolgenden Situationen hinzuweisen. Oberstes Prinzip ist die Aufmerksamkeit nach innen **und** nach außen, um voller Bewußtheit, d.h. mit meditativer Qualität, alles das wahrnehmen zu können, was die Übung initiiert.

Der Einstieg:
Die freie Bewegung zur Musik (z.B. Sally Oldfield: »Mandala« oder Jean-Michel Jarre: »Arpegiator«) hilft, aus den Gedanken des Alltags auszusteigen und den Körper zu fühlen. Wenn ich merke, daß die Teilnehmer noch sehr befangen sind, fordere ich sie auf, zur Musik zu hüpfen, sich zu drehen und dabei die Arme wie Flügel von sich zu strecken. Dies hilft oftmals, über den Punkt der Befangenheit hinwegzukommen.

Der Übergang:
Mit dem plötzlichen Abstellen der Musik rufe ich: »Stop! Bleibt stehen, wo ihr seid... Schließt eure Augen und fühlt euren Körper... Fühlt, wie ihr atmet, wie euer Herz schlägt und wie ihr schwitzt...

Zentriert euch allmählich. Lenkt dabei eure Aufmerksamkeit auf euren Tan Tien und laßt völlig los. Entspannt euch...

Verändert langsam eure Höhe. Sinkt tiefer in den Knien ein und – am tiefsten Punkt angekommen – streckt euch ganz langsam wieder in die Höhe. Gleitet nun auf diese Weise eine ganze Weile auf und ab und beobachtet dabei sehr aufmerksam, wie ihr das erlebt...

Öffnet langsam wieder die Augen, ohne die Gleitbewegung zu unterbrechen. Hebt und senkt dabei einmal die Arme. Wenn wir am untersten Punkt angekommen sind, beginnt nun mit der Aufwärtsbewegung unseres Körpers das gleichzeitige Hochtreiben unserer Arme. Zunächst fühlt sich nur der Oberarm hochgezogen. Unterarm und Hand hängen praktisch nur passiv am Ellbogen und werden mitgezogen. Erst ungefähr auf der Höhe unseres Bauches führen wir auch den Unterarm herauf, und zuletzt nehmen wir die Hände aus ihrer hängenden Haltung heraus hoch.

Auf Schulterhöhe beugen wir nun die Arme und führen die Hände zu uns heran und lassen sie wieder langsam nach unten gleiten. Hierbei sinken wir wieder in den Knien ein. Stellt euch beim Hochtreiben der Arme vor, eure Arme lägen auf einem großen Ball, der langsam aufgepumpt wird und mit seinem zunehmenden Umfang eure Arme emporträgt. Oben angekommen, streicht ihr sanft und rund mit euren Händen über den Ball zu eurem Körper hin. Wenn ihr nun die Hände hinunterführt, stellt euch unter euren Handflächen ein Energiepolster vor, dessen leichten Widerstand ihr herunterdrückt. Ihr werdet merken, daß diese Vorstellung bei der Öffnung eures Körpers für den Energiefluß hilft ...

Beendet nun diese Bewegung. Findet eure Ausgangsstellung wieder, schließt die Augen und schaut einmal in euch nach, was diese Übung bewirkt hat ...«

Die Algenübung:
»Öffnet nun wieder die Augen und sucht euch einen Partner ...

Wir beide machen die Übung vor. Ich sinke in die Grundstellung und lasse die Arme bis auf Schulterhöhe hochtreiben, ohne die Schultern hochzuziehen. Die Arme sind gebeugt und rund, die Hände hängen locker nach unten. Ich zentriere mich und habe nur eine sehr leichte Grundspannung am ganzen Körper. Wenn nun eine leichte Berührung, nur ein kleiner Energieimpuls von der Hand meines Partners an irgendeiner Stelle meines Körpers erfolgt, bewege ich den berührten Teil meines Körpers zeitlupenhaft in die Richtung, in die der Energieimpuls wirkt. Ich bin wie eine Alge im Wasser, die sanft von einer leichten Strömung erfaßt wird. Wird z. B. mein Zeigefinger von unten berührt, so bewegt sich zuerst die Fingerspitze nach oben, dann das Mittelglied, dann der ganze Finger, dessen Aufwärtsbewegung die ganze Hand mit nach oben zieht, deren Auftrieb wiederum die Bewegungen des Unterarms und die sparsame Bewegung des Oberarms folgen. Die Finger, die Hand und der Arm treiben hoch in die angedeutete

Wie eine Alge im Wasser

Richtung bis zu der Grenze, die uns unser Körper setzt, und kehren wieder langsam zu ihrem Ausgangspunkt zurück. Erst dann erfolgt irgendwo anders – z. B. in der Kniekehle, an der Stirn oder am Hintern – der neue, heranschwebende Energieimpuls durch den Partner. Seid ganz weich und bewegt euch sehr langsam, ohne euch zu sehr anzuspannen und über die Bewegung nachzudenken ...«

(Musik: Ariel Kalma: »Music for Dream and Love.« Diese einfühlsame Musik läßt sich für fast alle nachfolgenden Übungen verwenden. Sie verstärkt das Gefühl des Fließens und des Aufgehens in der Bewegung.)

Klebende Hände:
»Diese Übung der ›klebenden Hände‹ bereitet auf eine klassische Technik der Partnerübungen vor – das ›Tui Shou‹ (›Push-Hands‹). Sie besteht aus Vorwärtsdrängen und Zurückweichen, aus Geben und Nehmen, Yin und Yang in der Bewegung zwischen zwei Partnern. Wir stellen uns in der tiefen ›Bogenstellung‹ einander gegenüber auf, so daß unsere vorderen Füße parallel zueinander stehen. Die Handrücken der beiden vorderen Hände berühren sich leicht. Du drängst vorsichtig nach vorn und drückst dabei sanft mit deiner Hand gegen meinen Handrücken. Ich weiche hierbei zurück, bis ich an einem Punkt angekommen bin, an dem ich mich deinem Druck widersetzen möchte und das Rückwärtsweichen in ein Vorwärtsdrängen meinerseits umwandele. Ich gehe nur so weit nach vorn, bis mein Knie über meiner Fußspitze steht. Du weichst nur so weit zurück, bis sich der Körperschwerpunkt über deinem hinteren Fuß befindet. Auf diese Weise bleiben wir in einer stabilen Haltung, fest auf dem Boden verwurzelt.

Auch diese Bewegung findet sehr aufmerksam und langsam statt. Es gibt auch hier keine Endposition, alles ist im Fließen. In Yin und Yang bereits schon wieder im Keim enthalten ...«

Barbara ist Yang – Klaus ist Yin

Vertrauensübung:
»Sucht euch zwei Partner ...

Wir drei wollen diese Übung einmal vormachen. Du stehst vor mir und du hinter mir. Ich werde gleich die Augen schließen und lasse mich dann langsam nach vorn fallen. Du wirst mich annehmen, etwas nachgeben und sanft nach vorn drücken, so daß ich durch meine Mitte gehe und langsam nach hinten kippen kann, um dort wieder angenommen zu werden. Stellt euch erst sehr nahe an mich heran, damit ihr erst aus einer sicheren Position heraus mit meinem Gewicht umzugehen lernt. Stellt euch dabei in eine tiefe Bogenstellung. Sie hilft euch beim Abstützen. Nehmt euch auch in dieser Übung vor, Yin und Yang zu entdecken. Ihr empfangt mein Körpergewicht, nehmt es für euch an und gebt es wieder von euch weg. Fühlt die Qualität dieses Vorgangs mit jeder Faser eures Körpers. Ihr in der Mitte, habt Vertrauen. Eure Partner haben die Verantwortung für euch übernommen. Sie würden eher selbst umfallen, als euch preiszugeben ...«

Variation – der Vertrauenskreis:
»Laßt uns nun zu einem engen Kreis zusammentreten. Ich gehe in die Mitte des Kreises, schließe die Augen, habe Vertrauen zu euch und lasse mich nach vorn fallen. Auch hier nehmt ihr mich etwas an, indem ihr nachgebt. Erst dann schiebt ihr meinen Körper wieder nach vorn und gebt mich den anderen zurück. Ihr könnt mich auch kreisen lassen.

Helft euch gegenseitig, daß immer mindestens zwei am Körperschwerpunkt anfassen. Haltet alle ständig über eure Hände mit meinem Körper Kontakt. Gebt mir das Gefühl der Sicherheit und des Geborgenseins ...«

Kreisschwanken:
»Wir wollen uns an den Händen fassen, ganz nah aneinander gehen, so daß wir Schulter an Schulter stehen. Schließt die Augen,

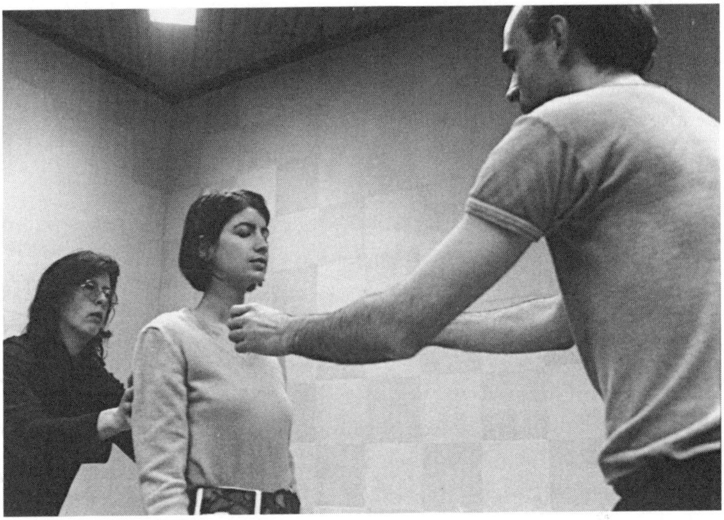

Auf den anderen vertrauen

Sich der Gruppe anvertrauen

sinkt etwas ein in den Knien und zentriert euch ... Wir beginnen, ganz langsam und vorsichtig, hin und her zu schwanken. Wir fühlen uns aufgehoben und geborgen in unserer gemeinsamen Bewegung.«

Abschluß – der »Wattekreis«:
»Zum Abschluß nun eine Übung spielerischer Konkurrenz, in der sich ebenfalls noch das Tai Chi als Selbstverteidigungskunst symbolisiert. Tretet im Kreis etwas zurück. Stellt euch auf das rechte Bein, nehmt das linke Bein eingeknickt vor die Knie. Sinkt etwas ein in den Knien. Nehmt die Hände seitwärts auf Schulterhöhe hoch und legt eure Handinnenflächen an die Handinnenflächen eurer Nachbarn. Nun könnt ihr spielerisch – ohne großen Krafteinsatz – durch Drücken, Heben, Kreisen und Senken der Arme versuchen, euren Nachbarn aus seinem Gleichgewicht zu bekommen. Auch ein leichtes Ziehen ist erlaubt. Wenn ihr einen Druck oder ein Ziehen bemerkt, gebt diesem nach. Seid wie Watte, als ob ihr gar nicht da seid. Erst wenn ihr an eurem »toten Punkt« ankommt, müßt ihr aktiv werden und die Wende einleiten. Probiert für euch auch aus, wie ihr dann am besten reagieren könnt, um euren Partner in dieser Situation aus dem Gleichgewicht zu bringen ... Je entspannter und zentrierter ihr seid, desto eher bleibt ihr im Gleichgewicht. Wenn ihr euch verspannt, Kraft einsetzt, werdet ihr angreifbar ...«

Sei weich wie Watte ...

Die vorgestellten Übungsformen beinhalten alle einen ständigen energetischen Wechsel. Yin und Yang drücken sich aus im Schwanken, Aufnehmen und Abgeben, Drücken und Ziehen, im Hin- und Hertreiben.

Alle Übungen bedürfen der Zentrierung auf unseren Tan Tien hin und nehmen von dort auch ihren Ausgangspunkt an. Die Bewegungen kommen aus dem Bauch und gehen in den Bauch zurück.

Die Verbindung von innerer und äußerer Aufmerksamkeit mit meinen Partnern ermöglicht mir und den anderen ein Erlebnis des meditativen Miteinanders. Die glänzenden Augen und der Gesichtsausdruck der Übenden nach einem solchen Abend zeigen den subjektiven Wert derartiger Erlebnisse.

Geben und Nehmen
– Yin und Yang als wechselseitiges Spiel der Zärtlichkeit

Trotz unserer tiefen Sehnsucht nach Liebe halten wir doch fast alles andere für wichtiger als diese: Erfolg, Prestige, Geld und Macht. Unsere gesamte Energie verwenden wir darauf zu lernen, wie wir diese Ziele erreichen, und wir bemühen uns so gut wie überhaupt nicht darum, die Kunst des Liebens zu erlernen.

Erich Fromm

Es gibt Menschen, die müssen ständig erzählen und können nicht zuhören. Sie reden und reden und reden, wollen ständig etwas geben. Einige Zeit lang wird sich der andere dies gefallen lassen; doch dann wird er sich dem Redefluß verschließen bzw. den Kontakt zu diesem selbstsüchtigen Menschen am liebsten abbrechen wollen. Es gibt Menschen, die wollen alles bestimmen – nur keine Entscheidung abgeben. Sie wollen über den anderen bestimmen, ihn dominieren. Sie können es einfach nicht zulassen, sich auch einmal der Entscheidungsfähigkeit und der Initiative des anderen anzuvertrauen. Viele Ehen weisen derartig gestörte Entscheidungsstrukturen auf – von Bürokratien ganz zu schweigen. Ein noch freier Mensch wird sich dem Zugriff dominanter Menschen entziehen bzw. sich hiergegen wehren wollen. Andererseits gibt es auch Menschen, die nichts einbringen. Sie sind ständig zurückhaltend, voller Angst, nur nichts verkehrt zu machen. Ihnen geht jede phantasievolle Initiative ab. Sie warten ständig auf den Impuls des anderen, ohne dessen Energie sind sie verloren. Selbst ihr Zuhören ist von Anfang an ein stummes Abblocken, aus dem keine Initiative entsteht, das nur unterwürfige Abwehr bedeutet.

Menschen, die lange von anderen Personen dominiert wurden, denen in ihrer Lebensgeschichte kein Freiraum zur Persönlichkeitsentfaltung belassen wurde, wirken oft derart apathisch. Jeder ausbalancierte Mensch wird sich bei ihnen langweilen und nur notgedrungen mit ihnen zusammentreffen bzw. zusammenleben wollen. In allen geschilderten Fällen ist die Balance von Yin und

Yang in dem Menschen und zwischen den Menschen nicht vorhanden.

Der dominante Mensch ist zu sehr Yang und der apathische zu sehr Yin. Beides stört und zerstört ein gelungenes Miteinander, das auf ein wechselseitiges Geben und Nehmen angewiesen ist.

Was ist das für eine egoistische Zärtlichkeit, bei der sich nur der eine Mensch streicheln und verwöhnen läßt und der andere ein Leben lang möglicherweise nur zu geben hat? Wie viele »Partnerbeziehungen« sind durch eine egoistische Triebabfuhr des Mannes gekennzeichnet?

Zärtlichkeit kann nur wachsen, wenn beide Partner bereit und in der Lage sind zu geben **und** zu nehmen, aktiv **und** passiv zu sein, Ideen einzubringen und Ideen zu empfangen. Dies bedeutet keineswegs, daß ich nicht auch über eine längere Zeit empfangend genießen darf oder umgekehrt, daß mein Partner mir nicht über einen Zeitraum die Führung überlassen dürfte.

Yin und Yang ergänzen sich im ungestörten Wechselspiel der natürlichen Kräfte, aus der Nacht entsteht der Tag, nach der Ebbe kommt die Flut, dem Ausatmen folgt das Einatmen; und wir benötigen beides. Hast du die Zärtlichkeit des anderen mit Bewußtheit empfangen, bist du irgendwann so angefüllt mit Energie, daß du dem anderen von deiner Zärtlichkeit geben willst. Nun empfängt der andere deine sensible Energie und du darfst geben. Ein starkes Yin bedarf in der jeweiligen Situation eines starken Yangs. Treffen zwei nur auf Empfang gestellte oder zwei nur gebende Menschen aufeinander, kommt es nicht zu einer zwischenmenschlichen Harmonie. Die Beziehung ist gestört. Wenn du deinen Partner streichelst, ist es oft sehr schön, wenn er erst einmal deinen Händen zuhört und nicht gleichzeitig – beinahe pflichtbewußt – seinen Zärtlichkeitspflichten nachzukommen sucht. Wenn zwei Menschen gleichzeitig reden, werden die Worte unverständlich ...

Nur selten ist eine ungestörte Entwicklung unserer Zärtlichkeit und unserer Fähigkeit zur wechselseitigen, sich ergänzenden Zärtlichkeit lebensgeschichtlich gegeben. Nur wenige Menschen haben das Glück, auf für sie wichtige Bezugspersonen zu treffen, die Yin und Yang in ihrer Beziehung zu den Menschen verstanden haben und beides in sich bergen und beherzigen. Der Eltern- und Lehrerstatus verführt oft dazu, die schon weiter fortgeschrittene Entwicklung des Kindes bzw. des Auszubildenden zu blockieren, indem die Beziehung einseitig dominant ist. Die Zugehörigkeit zu einem Geschlecht provoziert oft die Annahme einer einseitigen Geschlechterrolle, deren historische Auflösung bei weitem noch nicht vollzogen ist. Männer haben häufig das Problem, zu gespannt, zu aggressiv und dominant, d. h. zu sehr Yang zu sein. Frauen gelingt es oft nicht, aus ihrer Passivität, ihrer totalen Empfangsbereitschaft, ihrer Antriebsschwäche, d. h. aus einem erstarrten Yin-Zustand herauszukommen.

Mit den hier vorzustellenden Sensitivübungen schaffen wir ein Experimentierfeld, einen freien sozialen Rahmen, in dem wir das schon einmal angstfreier und mit weniger gegenseitigem Druck ausprobieren können, nach dem es uns »draußen«, im Alltag verlangt: Sowohl auf andere zärtlich zugehen als auch zärtlich empfangen können.

Doch die Entfaltung einer derartigen Fähigkeit ist nur der erste notwendige Schritt: Erst der Einsatz für die Veränderung der Bedingungen, unter denen sich zwischenmenschliche Nähe und Distanz vollziehen, wird oftmals die Voraussetzungen für einen Alltag eröffnen, in dem sich Zärtlichkeit gern entfalten will. Innere und äußere Veränderung müssen besonders dort einhergehen, wo veränderbare Strukturen die Entfaltung des Menschen behindern.

Anleitung zu einem Abend/Morgen voller wechselseitiger Zärtlichkeit

Ich erkläre der Gruppe das Prinzip von Yin und Yang zwischen Menschen und weise auf die Verbindung der folgenden Übungen zu diesem Prinzip hin.

Ich lasse die Studenten sich zur Jazz-Musik von Miles Davis frei bewegen (»Jean Pierre«).

»Nehmt den Rhythmus dieser Musik in eure Körper auf. Bewegt euch erst ein wenig, dann immer mehr. Macht keine vorgeformten Tanzschritte, sondern bewegt euch nur zur Musik. Schließt die Augen dabei und stellt erst vorsichtig und dann ganz entschieden die Verbindung zwischen eurem Körper und der Musik her ...

Nun versucht einmal, ganz weich zu sein. Tanzt sehr sanft und locker. Laßt euch eher taumelnd in die Musik hineinfallen und von ihr leiten ...

Und jetzt seid stark und dominant. Tretet richtig fest dabei auf, stampft mit den Füßen. Ha, ihr seid kräftig und voller Energie. Eure Muskeln spannen sich an, und ihr seid aktiv gegenüber der Musik ... (mehrfacher Wechsel der Phasen) ...

Bitte sucht euch einen Partner ...

Der eine Partner schaut zunächst nur zu, wie der andere Partner sich entweder aggressiv oder sehr weich zur Musik bewegt. Ist diese Bewegungsphase zu Ende, erstarrt der soeben noch Tanzende, und der andere Partner reagiert nun. Er kann sich aussuchen, ob er weich oder hart sein will. So redet ihr über eure Bewegung zur Musik miteinander. Versucht euch zu ergänzen, aber achtet darauf, daß ihr euren Partner nicht in eine einseitige Rolle zwingt ...

Stop! Bleibt stehen, wo ihr gerade steht. Schließt die Augen und spürt euren Körper. Wie fühlt ihr euch jetzt? Spürt euren

Wie ein Schlafwandler durch den Raum

Atem, euer Herz, alles ist jetzt sehr intensiv... Ihr merkt, wie ihr jetzt langsam zur Ruhe kommt. Entspannt euren Bauchraum, seid ganz locker. Fühlt einmal mit euren Händen nach: Könnt ihr Verspannungen fühlen oder ist der Bauch schon ganz weich? Atmet jetzt sanft und ruhig, tief in den Bauch hinein. Sinkt noch tiefer in die Knie, fühlt euch tief nach unten gezogen und doch mit dem Oberkörper aufrecht nach oben gestreckt...

Jetzt beginnt einmal, ganz leicht hin und her zu schwanken, ganz langsam und sanft...

Wenn ihr nach der einen Seite geschwankt seid, könnt ihr den anderen Fuß etwas abheben. Dann verlagert ihr wieder den Schwerpunkt und hebt den anderen Fuß leicht an...

Macht auf diese Weise einige kleine Schritte nach vorn...

Jetzt nehmt dieses Schwanken weiter mit in eure Bewegung und geht langsam durch den Raum. Führt eure Arme hoch und haltet sie vor euch, wie wir uns einen Schlafwandler vorstellen. So könnt ihr euch auch mit geschlossenen Augen fortbewegen. Die Augen bleiben jetzt eine lange Zeit geschlossen. Versprecht euch selbst, daß ihr sie nicht öffnen werdet.

Geht durch die Halle und – wenn ihr auf jemanden trefft – nehmt keinen Kontakt auf, sondern geht weiter. Überlaßt euch ganz eurer eigenen Bewegung und eurer Dunkelheit...

Wenn ihr jetzt jemanden trefft, dann nehmt den Kontakt zu seiner Hand auf. Ihr könnt euch sanft an der Hand berühren und euch die Hände streicheln. Hierbei übernimmt einer die aktive Rolle, und der andere ist »passiv« und hört zu. Nach einiger Zeit werdet ihr die Rollen tauschen wollen. Redet miteinander sanft und weich über eure Hände und: Laßt euch Zeit...

Jetzt könnt ihr euch auch woanders berühren: An den Armen, den Schultern, dem Hals und dem Gesicht. Ihr könnt euch auch umarmen und streicheln, wenn ihr wollt. Hört euch dabei wechselseitig zu und: Laßt euch Zeit...

Über die Hände miteinander reden

Und wenn ihr merkt, da kommt ein dritter hinzu, dann seid ihr halt zu dritt. Und kommt ein vierter hinzu, dann seid ihr eben zu viert...

Versucht euch nicht vorzustellen, wer gerade bei euch ist. Macht euch kein äußeres Bild von dem anderen. Seid ganz bei euren Berührungen. Nur das zählt...

Nun löst euch wieder ganz langsam von euren Partnern und geht noch etwas im Raum umher.

Bleib stehen und setze dich hin, wo du gerade stehst. Laß die Augen geschlossen und fühle einmal in dir nach, was du gerade erlebt hast. War es schön für dich? Hast du geben **und** nehmen können? Wie hat sich das angefühlt? War es dir angenehm, oder war es dir peinlich? Wie fühlst du dich jetzt? Fühlst du dich erregt, gespannt oder locker und leicht? Fühl in dir nach...

Öffnet nun langsam die Augen und seht die anderen wieder. Krabbelt oder wälzt euch langsam zur Mitte des Raumes hin und sucht euch einen Platz im Kreis, der euch gefallen könnte...

Wir machen nun ein letztes Spiel des Gebens und Nehmens. Setzt euch bequem hin und haltet eine Hand nach vorn, mit dem Handteller nach oben, als ob ihr ein Almosen empfangen wolltet. Schließt nun wieder die Augen.

Wer die Kraft in sich fühlt, öffnet die Augen und geht zu einem anderen hin und berührt dessen ausgestreckte Hand. Er kann sie sanft berühren und streicheln. Der andere horcht nur auf diese Berührung und empfängt. Der eine gibt und der andere nimmt. Wenn du nun spürst, daß du sehr viel Zärtlichkeit bekommen hast, und du fühlst genügend Energie und Bereitschaft in dir, dann stehe selbst auf und gib von deiner Energie. Also schließt alle die Augen, und wer meint, er will geben, der steht auf und gibt...

Löst euch nun langsam wieder von euren Partnern und setzt euch wieder in den Kreis zurück...

Öffnet die Augen und schaut euch an. Schaut jeden einmal an...

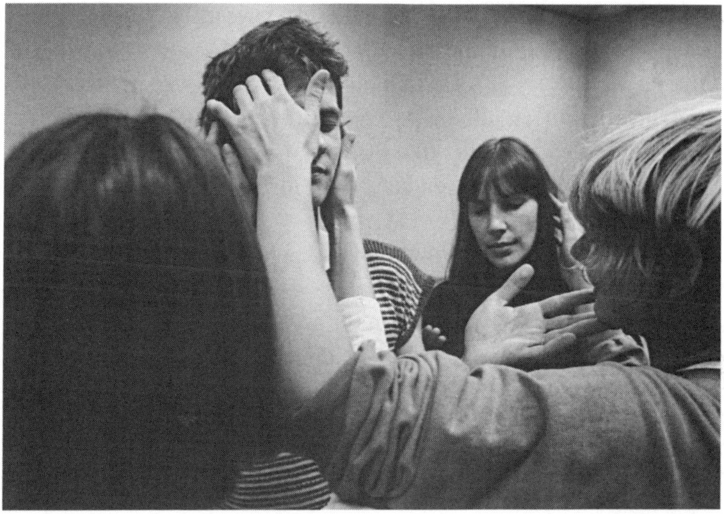

»Hört euch dabei wechselseitig zu.«

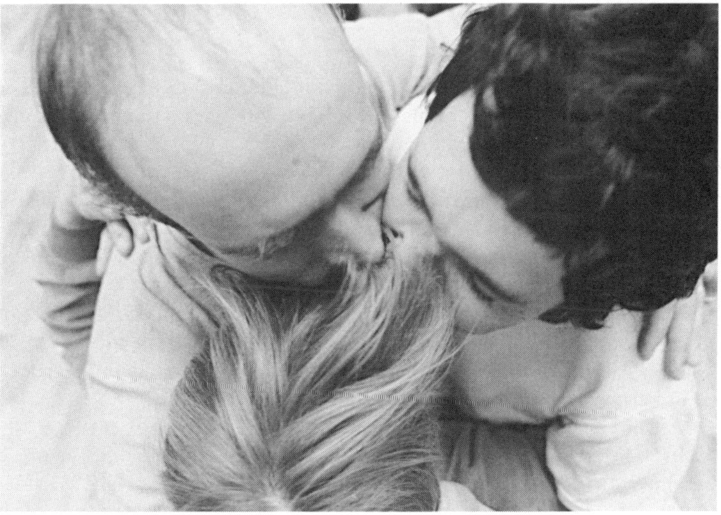

»... dann seid ihr eben zu dritt.«

Manchmal ist es nicht gut, über das, was man erlebt hat zu reden. Man kann auch Schönes zerreden. Doch oftmals tut es sehr gut, über das soeben Erlebte zu reden. Aber einfach ist das natürlich nicht. Ich habe da einen kleinen Trick. Wir schieben uns einen Schlüsselbund über den Boden zu, und auf wen er zugeschoben wird, der kann sich entscheiden, ob er etwas sagen will oder nicht.

Laßt es uns einmal probieren ...«

P. S.: Zu diesen Sensitivübungen tut eine Musik gut, die so einfühlsam ist wie »Riding the Bull« von Georg Deuter oder »Behind the Gardens – Behind the Wall – Under the Tree« von Andreas Vollenweider.

Büchertip

Lies als erstes das Werk von *Erich Fromm* (»Die Kunst des Liebens«). Hier wird sehr deutlich, daß Liebe etwas Wechselseitiges ist und eine Kunst darstellt, die wir erlernen können.

Die Störung des Wechselspiels von Yin und Yang unter einer geschlechtlichen Perspektive wird beispielsweise über folgende Arbeiten verdeutlicht:

Ursula Scheu: Wir werden nicht als Mädchen geboren – wir werden dazu gemacht. Frankfurt/M. 1980.

Gerhard Vinnai: Das Elend der Männlichkeit. Hamburg 1977.

Weitere Anregungen für die soeben vorgestellten Sensitivübungen kannst du beispielsweise folgenden Arbeiten entnehmen:

Rudi Wormser: Sensitivspiele. München 1976.

Klaus Moegling: Team-Teaching, Körpererfahrungssachen und Schülerreaktionen. In: Ders.: Wer hat Angst vorm Freizeitsport? Kassel 1983, 185-199.

Ulrike Kutzleb u. a.: Zeit für Zärtlichkeit. Wuppertal 1977.

Geben und Nehmen

Eine Teilnehmerin schildert ihre Eindrücke während eines derartigen Sensitiv-Abends:

»Klaus legt ein Tape von Sally Oldfield auf. Zu dieser Musik muß man einfach tanzen. Eben noch etwas unsicher, beginne ich jetzt, mich langsam warmzutanzen. Ich drehe mich wie ein Kreisel, versuche meine Arme in Einklang mit den Bewegungen meines Körpers zu bekommen. Nach einiger Zeit bin ich etwas abgetobt vom Tanzen, will gerade etwas langsamer werden, da meint Klaus: Stop! Bleibt stehen, wo ihr seid, und schließt eure Augen. Schaut nach, was in euch passiert. Nehmt alles wahr.

Nach und nach beruhigt sich mein Körper. Langsam fühle ich eine Ruhe in mir aufsteigen, und ich versuche, mich in den Schultern und im Bauchraum noch mehr zu entspannen. Ich atme tief nach unten ein und fühle mich warm und wohl. Es ist ganz ruhig. Die Musik ist ausgestellt. Ich atme tief in die Füße ein. Allmählich werden sie ganz warm. Ich stelle mir über die Anleitung von Klaus vor, daß aus meinen Füßen kleine Wurzeln in die Erde wachsen. Die Wurzeln werden stärker und gehen immer tiefer in die Erde hinein. Ich habe das Gefühl, daß meine Füße ganz massiv und fest auf dem Boden stehen. Nichts kann mich jetzt umschmeißen! Doch dann werden die Wurzeln wieder kleiner und gehen ganz zurück. Die Füße lassen sich nun auch wieder hochheben. Ich probiere vorsichtig einige kleine Schritte und gehe dann mit geschlossenen Augen wie ein Schlafwandler durch den Raum.

Noch ziemlich scheu streifen meine Hände andere Schultern, Rükken und Arme von anderen, die sich ebenfalls vorbeitasten. Manchmal komme ich in Versuchung zu sehen, wo ich stehe. Doch dann lasse ich es, um mir den Reiz nicht zu nehmen. Es ist schon ein seltsames Gefühl, die Augen nicht benutzen zu können und ganz auf die anderen Sinnesorgane angewiesen zu sein.

Nun können wir Kontakt mit den anderen aufnehmen. Zu zweit, zu dritt, zu viert – wie es kommt. Etwas unsicher hebe ich meine

Hände, horche, wo denn jemand sein könnte und mache mich auf den Weg. Ich bin mir gar nicht so sicher, ob ich jemanden treffen möchte. In mir ist ein Gemisch aus Neugier, Spannung und etwas Ängstlichkeit. Plötzlich streift mich eine Hand. Ich zucke etwas zusammen und bleibe aber stehen. Da ich nicht weiß, wo hinten oder vorn ist, suchen sich unsere Hände erst einmal. Unsicher halte ich meine Hände hin und warte, was der andere macht. Ganz zart werden meine Hände und Arme gestreichelt. Dann merke ich, daß mein Partner erwartet, daß ich ihn zurückstreichele. Zögernd gehen meine Hände über die anderen Hände. Ist es ein Mann oder eine Frau? Ich kann es nicht erkennen, aber die Hände sind weich und warm. Ob ich die Hände wiedererkennen würde?

Langsam löse ich mich von meinem Partner. Ich merke, daß ich mich etwas entspanne, und gehe weiter durch den Raum. Wieder spüre ich Berührungen, gleich mehrere – was ist jetzt los? Ich bleibe erst einmal stehen, um zu fühlen, was nun auf mich zukommt. Ich werde von zwei Personen gleichzeitig gestreichelt. Im ersten Moment bin ich wie erstarrt. Was soll ich denn jetzt machen? Die Hand des einen Partners ist weich und gleitet sanft über meinen Arm zum Haar hin. Die andere Hand ist etwas zögernder und weiß wohl nicht so recht, wo sie hin will. Sie tastet sich über meinen Rücken langsam hoch, verweilt und streicht sachte wieder runter. Auf einmal registriere ich, daß meine Hände ihren Weg schon gefunden haben: Langsam und weich gleiten und streicheln meine Hände über die Arme meiner Partner, dann über die Rücken. Ich spüre, wie wir langsam zu einer Einheit zusammenwachsen. Ich fühle mich etwas herangezogen, und wir liegen uns zu dritt in den Armen. Wir beginnen langsam hin und her zu schwanken. Ich spüre keine Ängstlichkeit mehr, fühle nur die sensiblen Menschen mit mir und öffne mich für sie. Ich genieße die Situation. Ich komme mir vor, als wenn ich auf einer Wolke schwebe und es nur liebe Menschen gäbe. Ich weiß nicht, wie lange wir so zusammen waren. Langsam wird die Musik leiser, und wir lösen uns voneinander, gehen noch etwas durch den Raum und bleiben stehen. Wir spüren in uns nach, wie wir das erlebt haben. Ich erinnere mich meiner anfänglichen Unsicherheit wieder, der Berührungen, der Stimmung, und habe das Gefühl, etwas sehr Spannendes erlebt zu haben. Langsam öffne ich die Augen und blicke um mich. Es kommt mir alles wie im Traum vor. Einige lächeln mir zu, alle sehen irgendwie sehr friedlich aus. Wo gibt's denn sowas in Wirklichkeit? Ich stelle mir gerade vor, wie das wäre, wenn Menschen z. B. morgens in der Straßenbahn, auf dem Weg zur Arbeit, sich so verhalten würden.

Wir bilden alle zusammen einen großen Kreis, indem wir uns sehr eng Schulter an Schulter aneinanderstellen. Wir schließen wieder die Augen, fassen uns an die Hände und zentrieren uns auf unseren Bauchraum hin. Wir stehen so eng beieinander, daß wir den Druck der Arme, Hüften und Beine unserer Nachbarn spüren können. Wir stehen da und sind ganz ruhig. Leise ertönt eine schöne Melodie. Leicht und zart spüre ich die Bewegung der Körper. Mein Körper fügt sich in das Schwanken ein. Es ist wunderschön, ich fühle mich wie in einer Welle aufgehoben. Die Musik verstärkt noch diesen Eindruck. So stehen wir eine Zeitlang. Die Zeit interessiert nicht …

Wir sitzen im Kreis. Das Almosenspiel. Langsam öffne ich meine rechte Hand und halte sie zum Empfangen hin. Ob wohl jemand kommt? Ich höre Geräusche neben mir. Aber ich bleibe allein. Warum kommt denn niemand? Ein bißchen fühle ich mich verlassen und nicht geliebt. Die Kraft aufzustehen und jemand anderem etwas zu geben, habe ich jetzt auch nicht. Ich bleibe sitzen … Ich spüre Wärme über meiner Hand. Meine Hand wird vorsichtig berührt. Ganz zart werden meine Fingerspitzen gestreichelt, dann die ganze Hand. Was ist das für ein schönes Gefühl, diese Zärtlichkeiten zu bekommen! Ich fühle eine angenehme Wärme in meinem Bauch. Am liebsten würde ich ihn – es ist ein Mann – zu mir runterziehen und ihn in die Arme nehmen! Doch dann lenken mich wieder Gedanken ab. Wie sähe das aus? Darf ich das eigentlich! Will das mein Partner überhaupt? Die schöne Stimmung ist etwas vorbei. Die

Hand spürt dies irgendwie und löst sich von mir. Trotzdem war es eine Zeitlang sehr erregend und schön gewesen. Jetzt habe ich auch Lust, jemand anderen zu streicheln. Ich stehe auf und suche nach einer Frau aus dem Kurs, die ich sehr lieb habe. Da sitzt sie – aber sie ist schon besetzt. Es kniet schon jemand vor ihr. Schade. Ich setze mich vor einen Mann hin, der mir sehr sympathisch ist, nehme seine Hand und streichele sie. Meine Augen sind wieder geschlossen, und ich überlasse mich ganz dem Gefühl, dem anderen zu geben. Ich denke an den Spruch, Geben ist seliger denn Nehmen. Nein, beides tut gut…

Wir sitzen im Kreis und reden über den Abend. Klaus schiebt einen Schlüssel von sich über den Boden, und er landet irgendwo. Bei dem er landet, beginnt das Gespräch. Wer keine Lust hat, soll nicht gezwungen sein, sich zu äußern. Manche geben den Schlüssel weiter, ohne etwas zu sagen. Sie sind einfach nicht in der Lage, darüber zu sprechen. Aus welchen Gründen auch immer. Andere sagen, wie schön es war, neue Erfahrungen gemacht zu haben. Sie hätten eine ganze Menge gewagt, was sie sonst nicht ohne weiteres wagen würden. Wie einfach es gewesen wäre, sich zärtlich zu berühren. Erstaunen darüber wird mitgeteilt. Zu mir wird leider kein Schlüssel geworfen. Aber eigentlich haben die anderen vieles ausgedrückt, was ich auch gesagt hätte. Ich werde sicherlich wieder ein unbestimmtes Gefühl im Bauch haben, wenn ich den nächsten Abend besuche, aber hingehen werde ich: Es gibt noch so vieles Schönes zu erfahren. Ich habe jetzt, da ich dies nach diesem Abend niederschreibe, noch immer ein zärtliches Gefühl in den Fingerspitzen…«

Die Teilnehmer einer Sensitiv-Gruppe schreiben etwas über ihre Gefühle danach:

Eine Frau: »*Ich fühle mich locker und besser als vorher. Die Hektik, die ich gleich am Anfang des Tages aufbaute, ist für mich gekappt worden. Ich gehe den Tag jetzt ruhiger an und sehe alles mit wachen Augen ...*«

Ein Mann: »*Ich fühle mich erleichtert, zufrieden, aber nicht ausgelaugt. Ich habe das Gefühl, etwas erlebt zu haben. Ich habe mehr Vertrauen zu mir selbst und anderen. Ich hatte zuerst zu wenig Vertrauen zu den Partnern. Dies änderte sich aber schnell, nachdem ich merkte, daß auch der andere meine Unsicherheit spürte und mir das Gefühl der Sicherheit zu vermitteln suchte.*«

Ein Mann: » *Ich habe manchmal tatsächlich etwas erlebt. Es war, als ob sich eine Spannung in meinem Arm aufbaute, als ich ›nahm‹. Und als ich ›gab‹, fühlte ich, als ob etwas von mir wegfloß. Allerdings spürte ich diese Empfindungen nicht immer. Manchmal hatte ich das Gefühl, daß entweder ich oder der andere nicht aufmerksam genug waren.*«

Eine Frau: »*Ich fühle mich jetzt sehr gut. Besonders das letzte Sensitivspiel ›Geben und Nehmen‹ hat mir sehr viel gegeben. Ich habe tatsächlich etwas bekommen, was ich versucht habe weiterzugeben und was ich auch jetzt noch weitergeben möchte. Das beschreibt gut meine jetzige Stimmung.*«

Ein Mann: »*Mein Gefühl nach der Stunde ist positiv. Ich fühle mich locker, ungezwungen und zufrieden. Außerdem habe ich ganz warme Hände ...*«

Eine Frau: »*Ich fühle mich nach dieser Stunde irgendwie melancholisch, andererseits auch befreiter. Man hat ein anderes Gefühl bekommen in bezug auf Berührungen. Vorher habe ich jegliche Art von Berührungen gescheut. Durch die Übungen habe ich einige Hemmungen überwunden... Ich habe viel häufiger und länger Kontakte gehabt, manchmal mit mehreren Händen gleichzeitig. Es war irgendwie ein gutes Gefühl, und ich habe dabei keinerlei Scheu verspürt. Es gab unterschiedliche Berührungen – sanfte und zärtliche, kurze und feste und längere Berührungen.*«

Ein Mann: »*Ich fühle mich relativ locker und entspannt und irgendwie befreit (wozu sicher die Musik einen großen Teil beigetragen hat). Ich bin nicht mehr müde wie zu Beginn, obwohl ich die Augen ständig geschlossen hatte. Ich fand die letzte Phase, die ich hier mal ›Bettlerphase‹ nennen möchte, absolut imposant. In Verbindung mit der fernöstlichen Musik konnte man sich regelrecht in ein Gefühl des reinen Nehmens steigern, wobei mir allerdings merkwürdigerweise nicht egal war, von wem ich nahm. Ich fühlte mit mehr Zufriedenheit die Hände des anderen Geschlechts. Ich führe dies auf meine Sozialisation zurück. Ich habe viel Zeit darauf verwandt, darüber nachzudenken. Mein eigenes Rollenverhalten läßt sich zwar fast, aber ich will sagen, nie ganz abschalten. Erst wenn ich dies ganz überwinden könnte, wäre ich, glaube ich, fähig, alles voll und ganz zu erleben. Nur sobald irgendwelche Erwartungen und Wünsche mit den Händen, die ich berühre, verknüpft sind, scheint mir dies fast aussichtslos.*«

Eine Frau: »*Nachdenklich, ausgeglichen, alles ist so unklar. Ich könnte auf der Stelle weitermachen mit den Spielen, genausogut aber einschlafen und meine jetzige Ausgeglichenheit auskosten (normalerweise habe ich leichte Schlafstörungen). Allerdings hat mich das Ganze auch etwas unsicher gemacht, weil ich nicht wußte, mit wem ich es zu tun hatte. Aber ist auch gut so, daß man sich nicht sieht.*

Man ist dann freier, offener und nicht so ›zugenagelt‹. Bei der letzten Kontaktaufnahme sind warme Ströme durch meine Hand geflossen.«

Eine Frau: »*Im Moment fühle ich mich sehr, sehr ausgeglichen und ruhig. Irgendwie ist in mir eine gewisse Sensibilität erwacht, und am liebsten würde ich die ganze Welt genauestens erfühlen. Jeden Menschen, jeden Stein, jede Blume. Außerdem habe ich das Bedürfnis, von all der Liebe, die in mir ist, den anderen etwas abzugeben. Eigentlich wäre es sehr schön, wenn man immer so zärtlich zueinander wäre, wie es eben alle untereinander waren. Schade, sehr schade, daß man seine Hemmungen nicht auch sonst abbauen kann ...*«

Wem also die Liebe als einzige vernünftige Lösung des Problems der menschlichen Existenz am Herzen liegt, der muß zu dem Schluß kommen, daß in unserer Gesellschaftsstruktur wichtige und radikale Veränderungen vorgenommen werden müssen, wenn die Liebe zu einem gesellschaftlichen Phänomen werden und nicht eine höchst individuelle Randerscheinung bleiben soll.

Erich Fromm

Anstelle eines Nachworts – ein Abschiedsgeschenk

Es gibt einen sehr schönen Weg, zum Abschluß eines Gruppenabends noch einmal die Energie der Gruppe zu sammeln: Der Energiekreis. – Wir setzen uns hierzu im Schneidersitz im Kreis zusammen und fassen uns an den Händen. Hierbei stützen wir unsere Ellbogen auf unseren Oberschenkeln leicht auf, damit das Halten der Hände nicht zu beschwerlich wird. Dennoch versuchen wir möglichst aufrecht zu sitzen. Nun drehen wir unsere linke Hand mit der Handinnenfläche nach unten. Die Linke hält aktiv die Hand des linken Nachbarn, die Rechte ruht entspannt in der Hand unseres anderen Nachbarn. Links stützen wir den anderen, und rechts vertrauen wir uns voll dem anderen an, geben uns passiv hin. Nun lassen wir auch unseren Blick los. Wir sehen alles um uns herum, fixieren aber nichts. Wir stellen unseren Blick auf unscharf. Wir sitzen nun einige Zeit in dieser Stellung und zentrieren uns auf unseren Tan Tien hin – bis wir ruhig geworden sind. Wenn der Zustand der äußeren und inneren Ruhe eingetreten ist, stellen wir uns folgendes vor: Unsere Energie fließt im Kreis von Nachbar zu Nachbar. Wir unterstützen diese Vorstellung, indem wir von der linken Hand her einatmen und nach der rechten Hand hin ausatmen. Wir sind beim Einatmen ganz aufmerksam für unsere linke Hand und stellen uns vor, die Energie unseres Nachbarn über seine Hand einzuatmen, so daß sie durch uns durch fließt bis zur rechten Hand, aus der wir unsere Energie ausatmen und zu unserem rechten Nachbarn weiterleiten. Wenn wir so unsere innere Aufmerksamkeit von links nach rechts fließen lassen, dann kann es passieren, daß unsere Vorstellung Wirklichkeit wird: Die Energie beginnt, im Kreis zu fließen. Wie sich das anfühlt, das sollst du selbst erleben. Ein Geschenk ist dann am schönsten, wenn es noch Überraschungen in sich birgt...

Quellennachweis für die zitierten Texte

Helmut Wagner: Sport und Arbeitersport. Verlag Pahl-Rugenstein. Köln 1974. (Text S. 12)

Dietmar Rost/Joseph Machalke: Wir wollen leben. Gütersloher Taschenbuch Verlag. Gütersloh 1984. (Text S. 32)

Rose Ausländer: IN DIR. Aus: EINVERSTÄNDNIS. Pfaffenweiler Presse, D-7801 Pfaffenweiler, 1980. (Text S. 44)

Laotse: Tao te king. O. W. Barth Verlag (im Scherz Verlag). Bern und München 1981. (Text S. 60)

Christopher Titmuss/Christina Feldmann: Laßt uns völlig neu für euch sein. Octopus Verlag. Wien 1980. (Text S. 74)

Egon A. Retsch: Miteinander beten. Texte und Gebete für junge Menschen. Matthias Grünewald Verlag. Mainz-Weisenau 1979.

Fred Rohé: Zen des Laufens. Verlag Bodymind. Berlin 1983. (Text S. 104)

Kahlil Gibran: Der Prophet. Walter Verlag. Freiburg 1987. (Text S. 120)

Erich Fromm: Gesamtausgabe in 10 Bänden, hrsg. von Rainer Funk, Band IX, Stuttgart (DVA) 1981/München (dtv) 1989, S. 518 und S. 443 (Text S. 136 und S. 155)

GESUNDER KÖRPER – GESUNDER GEIST

Mariann Kjellrup
Bewußt mit dem Körper leben 10304

Louis Proto
Das Energie-Programm
13508

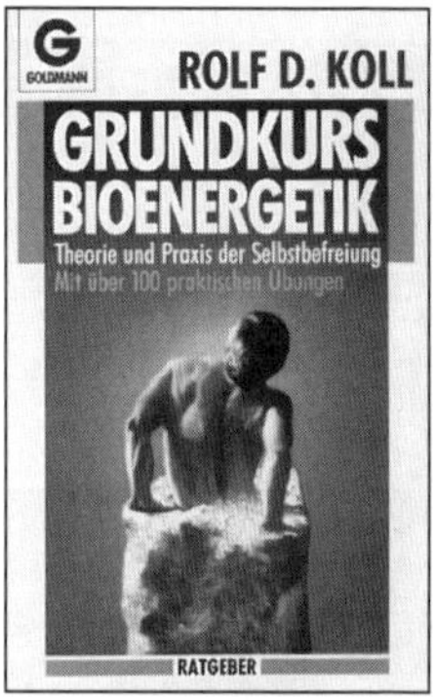

Rolf D. Koll
Grundkurs Bioenergetik
10447

Lautenschläger u. a.
Wellness
10394

Michael Schreiber
Die Kunst des Laufens
10464

Peter Schwind
Alles im Lot: Rolfing
10302

GOLDMANN